LÁZARO CÁRDENAS

LÁZARO CÁRDENAS

por Roberto Mares

Grupo Editorial Tomo, S.A. de C.V.
Nicolás San Juan 1043
03100 México, D.F.

1a. edición, mayo 2004.

Nicolás San Juan 1043, Col. Del Valle
03100 México, D.F.
Tels. 5575-6615, 5575-8701 y 5575-0186
Fax. 5575-6695
http://www.grupotomo.com.mx
ISBN: 970-666-939-6
Miembro de la Cámara Nacional
de la Industria Editorial No 2961

Proyecto: Roberto Mares
Diseño de Portada: Trilce Romero
Formación Tipográfica: Servicios Editoriales Aguirre, S.C.
Supervisor de producción: Leonardo Figueroa

Impreso en México - *Printed in Mexico*

Contenido

Prólogo

El acercamiento a la vida y obra de Lázaro Cárdenas es algo más profundo y conmovedor de lo que pudiéramos pensar en primera instancia. De entrada, lo asociamos con el movimiento revolucionario, e inmediatamente después con el sistema político que se derivó de aquella lucha, pensamos en un partido político que representa un modelo que se dice revolucionario e "institucional", lo que suena extraño y hasta ilógico, pues la razón nos indica que un cambio cualitativo, violento y radical, no podría convertirse en un modelo permanente de acción, que una Revolución, siendo una crisis social, es por naturaleza transitoria; la crisis lleva a un cambio, pero no se puede "institucionalizar" la crisis.

Lo que sí se puede institucionalizar, es el cambio. Cuando una sociedad ha sufrido ya el proceso de ruptura, en que lo viejo es destruido, se produce una imperiosa necesidad de darle forma, contenido y continuidad a lo nuevo, de construir un sólido edificio que albergue una nueva manera de vivir.

Muchos albañiles trabajaron en la construcción del México nuevo, hubo incluso buenos "maestros de obra", pero el gran arquitecto fue sin duda Lázaro Cárdenas.

Como veremos en estas páginas, el camino hacia la institucionalización no fue fácil; el trabajo requería algo más que capacidad técnica, fue necesario echar mano de las herramientas más agudas del espíritu transformador para oponer e imponer, la razón de lo nuevo, para desactivar una gran cantidad de poderosos mecanismos sociales, políticos e ideológicos que funcionaban con la energía de lo viejo y no podían aceptar el nuevo combustible.

Es por eso que la institucionalidad revolucionaria, el Partido, los proyectos y programas y la misma personalidad de Lázaro Cárdenas, se nos presentan con una gran complejidad, como un enigma a resolver. Pero no siempre es fácil aceptar el reto que significa el desentrañar un enigma; es más fácil ver las cosas y a las personas en blanco y negro; es mucho más cómodo tomar partido, simplemente condenar o alabar. De esa manera nuestra mente se polariza y nuestro pensamiento parece clarificarse, al identificar dos extremos, el de lo "bueno" y el de lo "malo", y de ahí es muy fácil que tengamos la pueril impresión de que una persona es más valiosa mientras más se identifique con el valor que, para nosotros, es filosóficamente positivo, y más se aleje de su antípoda, de lo malo.

Pero la pureza y la virtud no siempre son paradigmas válidos para medir la dimensión moral de un hombre, y menos su trascendencia histórica. Para unos, Cárdenas es un personaje de intachable virtud, mientras que para otros es la encarnación misma del ángel exterminador.

Pero la persona de Cárdenas y la época que le tocó vivir no son reductibles al maniqueísmo. Es cierto que las cosas se ven más claras cuando se toma partido, pero también es cierto que *ver* no es lo mismo que *comprender*, y en el caso de Cárdenas y su tiempo, la simple vista es insuficiente y engañosa; si somos honestos, tendremos que aceptar la lectura de este libro como un avance en el desentrañamiento de un enigma, casi como un reto filosófico personal.

ROBERTO MARES

El principio

En la ciudad de Jiquilpan de Juárez, el 30 de mayo de 1895, siendo las cuatro y media de la tarde, el ciudadano Dámaso Cárdenas presentó a este Juzgado a un niño vivo, nacido el día 21 del corriente, a las diez y cuarto de la mañana, en la casa número 9 de la calle de San Francisco, a quien puso el nombre de Lázaro; hijo legítimo del compareciente, de 35 años, cuyos nombres se hacen constar de conformidad con lo dispuesto en el artículo 80 del Código Civil. Presenciaron el acto, los ciudadanos Esteban Arteaga, de 40 años de edad, y Manuel Santillán, de 25 años, solteros, empleados de esta vecindad y sin parentesco con los interesados, quienes leída que fue la presente acta, se manifestaron de conformidad, y firmaron por el infrainscrito y el que presentó al infante... Porfirio Villaseñor... Rubricado.

Dámaso Cárdenas y Felícitas del Río, padres de Lázaro Cárdenas.

Los primeros sucesos en la vida del futuro presidente, ocurrieron en un ambiente limitado, de patrimonio relativamente modesto, lo que seguramente influyó en su futura concepción de la vida social y su gestión política. Su familia estaba ligada a la vida rural, pero no era estrictamente de campesinos. El pueblo de Jiquilpan se encuentra en una región de Michoacán enmarcada en un clima benigno, de paisajes gratos, en donde los contrastes entre pobres y ricos no eran demasiado agudos y donde la sangre española dejó huellas evidentes, mezclada con la nativa.

Los padres de Lázaro no cultivaban la tierra, como sí lo hacían otros parientes suyos en variada escala económica, que iba desde los que poseían mínimos recursos, hasta los parientes ricos de Apatzingán, quienes poseían un rancho.

El padre pertenecía a la esforzada clase media rural, entre sufrida y emprendedora, que tenía que agudizar el ingenio para salir adelante en un ambiente reseco, cortante y no siempre flexible del ámbito porfirista que había dado a México un cierto grado de desarrollo económico, pero en un orden de escasa justicia social y sin el recurso de la democracia. Don Dámaso Cárdenas, al margen de la agricultura y lejos de querer reducirse a la práctica de la tejeduría, que era el tipo de artesanía que tradicionalmente había cultivado la familia, combinó la medicina herbolaria con el manejo de una pequeña tienda, la fabricación de jabón, e incluso, la atención a una sala de billar.

De pequeño, Lázaro Cárdenas mostró talento y dedicación a los estudios, al grado de que don Hilario de Jesús Fajardo, su maestro de educación primaria, llegó a comentarle: *"Sé aplicado en el estudio, que tienes carácter y talento. A ver si llegas a gobernador del Estado. Si así fuera, recuerda siempre a Jiquilpan."*

Es posible que el maestro Fajardo influyera significativamente en el niño, pues, además de ser un profesor estricto y metódico, tenía fama de ser un hombre liberal y con cierto desapego en lo referente a la religión, al igual que don Dámaso, el padre, quien siempre se mostró indiferente a las cosas de la iglesia, a diferencia de la madre, doña Felícitas, emparentada con el que fuera arzobispo de México, Mons. Mora y del Río, dato que pudiera ser significativo en la formación de la visión del mundo que fue elaborando Lázaro.

A la tierna edad de 10 años, Lázaro fue incorporado a las filas del general Bernardo Reyes, lo que fue algo más bien azaroso, pues en 1905 se organizaron en el pueblo las llamadas "reservas reyistas", y estando el niño en la escuela por deberes del plantel, entró a formar parte de ellas. Y si bien éstas no lo orillaron precisamente a una adhesión a la causa del popular Ministro de Guerra, general Bernardo Reyes, por lo menos le sirvieron para aprender el instructivo militar y tener alguna idea de la organización de la tropa, sin sospechar que varios años después, tras el repaso de las páginas en que se enteraba de lo que era la milicia, tendría que involucrarse en una verdadera instrucción militar que lo llevaría a ejercer el mando y a escalar, bajo la sombra del general Plutarco Elías Calles, los más altos grados del ejército.

Todo esto, en efecto, sirvió de marco influyente al hombre en su visión de las cosas, en la formación de su carácter y en su acervo de ideas con vistas al futuro.

Lázaro terminó su educación primaria y las condiciones de la familia no permitieron que siguiera estudiando, por lo menos de manera formal. A la edad de 15 años, tuvo que incorporarse a un trabajo asalariado como empleado en las oficinas de recaudación de rentas de su pueblo, puesto en que lo colocó un amigo de su padre, don Donaciano Carreón, quien ocupaba un puesto directivo. Más tarde se ocupó de escribiente y archivista en la cárcel de Jiquilpan a fin de aumentar sus ingresos.

A pesar de su limitada situación económica, el joven Lázaro seguía estudiando por su cuenta y asimilando ideas políticas, pensamientos que venían a agregarse al sedimento recibido de parte de su padre, de su maestro y de su medio más inmediato, ya marcado por ese apartamiento relativo de los valores religiosos, a partir de la tendencia liberal de que se alimentaban las escuelas porfiristas.

En ese campo fértil de su pequeño mundo, los puntos de vista de don Donaciano Carreón aportaron lo suyo, ya que él sostenía una decidida filosofía liberal y ciertamente anticlerical, pues él, como muchos otros en su época, se alimentaban de los recuerdos de los pasados años de lucha en ese gran movimiento social que fue la Reforma, con toda su cauda de directrices, principios, ideas, y aun dogmas y prejuicios que caracterizaron la evolución del movimiento liberal del siglo XIX. Según los biógrafos de Lázaro Cárdenas, Carreón se encargó de proporcionar a su joven empleado "toda clase de literatura liberal", lo que seguramente tuvo una influencia decisiva en la dirección de su pensamiento, pues él no tenía acceso a una información académica amplia y contrastada, pero tuvo la fortuna de abrevar en la corriente más avanzada de su época, sin mayores distractores ideológicos.

Los círculos intelectuales de ese tiempo, y especialmente en la provincia, rendían culto a los próceres del movimiento de Reforma y consagraban el "liberalismo" como una filosofía política incuestionable, que aparentemente era congruente con los postulados del gobierno de Díaz, aunque, para las elites capitalinas, el concepto no tenía un arraigo filosófico, sino que se interpretaba en virtud de la óptica norteamericana como un modelo económico.

Pero el liberalismo filosófico seguía su marcha en el desarrollo de las ideas, llegando a impregnarse de la nueva corriente "positiva" que fue sustituyendo tanto los dogmas del catolicismo conservador como del liberalismo, buscando en la ciencia y en la objetividad las razones más fidedignas de la organización política.

Al analizar la posterior fisonomía política de Cárdenas, no podríamos dejar de identificar los antecedentes citados, a los que vinieron a sumarse otros que terminaron por ubicarlo en su postura final.

A lo recibido en Jiquilpan, es preciso sumar la influencia definitiva de la Revolución, y particularmente de Villa y Carranza, en quienes tuvo ejemplos de algo que a su modo tocó también a Cárdenas, en la medida en que uno y otro crearon los cuadros de acción en los que el joven se desenvolvería en aquellos años en los que se configuró su personalidad social.

Entre tanto, el porfirismo sufría ya de arteriosclerosis política, y era patente la senil torpeza para entender los signos del tiempo, así que Lázaro tuvo que haber sentido los primeros vientos de una renovación y de un cambio a fondo.

Porfirio Díaz había prometido retirarse de la presidencia, incluso había empeñado su palabra en favor de un partido de oposición que desarrollara poder, no para explotar, sino para dirigir, mientras él se consagraría a la inauguración feliz de un gobierno completamente demócrata, que vendría a sucederlo al dejar el mando. Estas declaraciones, hechas a James Creelman, del *Pearson's Magazine,* representaban la prenda que Porfirio Díaz daba a la transformación política del país, en el marco de un sistema representativo y democrático, con lo cual podía suponerse que sería "la ley" quien heredase el poder después de 30 años de férreo paternalismo.

En 1908, los jóvenes mexicanos pertenecían a una generación que anhelaba hacer realidad los postulados de la democracia, después de un prolongado letargo alentado por una autocracia, que centraba su atención en el progreso económico, pero insensible a las demandas de justicia y liberalismo que eran su propia fuente ideológica. La gente de la Reforma había llegado a la senilidad, tanto física como intelectualmente, y ahora el pensamiento joven se encauzaba por la vía de la participación directa en la vida política, centrando su atención en los principios fundamentales del liberalismo, como es la democracia "efectiva" y no en la mera existencia de las instituciones, lo que dio la materia para la acción de diversos grupos, en especial al Partido Nacional Antirreleccionista, que contendió contra Díaz en las elecciones de 1910.

En tanto ocurría todo esto, el joven Cárdenas formaba parte del personal de la imprenta "La Popular", que había sido instalada por Carreón, su mentor, y funcionaba como cooperativa. Ahí Cárdenas fue cajista y prensista, en consecuencia, minucioso lector de los artículos políticos que se producían y que eran la punta de lanza ideológica de una gran conmoción nacional.

Por muchas partes del país se estaba encendiendo la mecha de la Guerra Civil, y las directrices del Plan de San Luis, esgrimido por don Francisco I. Madero, resumían las inquietudes políticas de la hora en el campo de la oposición política.

Pero esos vientos de guerra no llegaron a Jiquilpan de inmediato, y aquí se vivía con la misma naturalidad de siempre, aunque el rumor nacional no dejaba de reflejarse en las conciencias y en los sentimientos, y era éste el viento que respiraba Cárdenas en su restringida vida social, pero sobre todo en la imprenta, donde esos vientos tomaban el gusto de lo concreto.

Con la muerte del padre, en 1911, Lázaro se queda al frente de la familia, y la madre se ve obligada a dedicarse a la costura para colaborar al ya precario ingreso familiar. Aquélla era una situación acuciante para la familia; pero no pasaría mucho tiempo en que otras situaciones de gran alcance llegaran a Jiquilpan, y ellas habrían de modificar radicalmente la vida del joven impresor.

El gobierno de Madero, que había sustituido a los de Díaz y de la Barra, se veía combatido por los propios correligionarios, por los porfiristas y por los propios revolucionarios, cono Zapata y Orozco, quienes ya no veían en el caudillo del cambio político la esperanza de una verdadera trasformación. El nuevo gobierno se encontraba muy débil, vulnerable a la acción de cualquier movimiento que pretendiera derrocarlo; tal sucedió con el estallido violento de la Ciudadela, de la Decena Trágica y con la muerte del mismo Madero y de Pino Suárez, con lo que el gobierno democrático dio paso a la dictadura de Victoriano Huerta.

En la Revolución

Encumbrado el general Victoriano Huerta en la Presidencia de la República, por la vía de la violencia, los principios democráticos se percibían como traicionados en todo el país, por lo que la lucha habría de continuar, aunque ahora mucho más abigarrada que en los momentos del ocaso porfirista. En estas circunstancias, don Venustiano Carranza, gobernador de Coahuila, se levantó en armas con el Plan de Guadalupe, bandera de la insurrección constitucionalista, que defendía la Constitución de 1857, aunque pretendía crear una nueva, lo que se realizó en 1917.

Ahora, la guerra iba a tener complicaciones mucho más amplias que el proceso político del cambio maderista, pues no se trataba ya de un "pronunciamiento" a la vieja usanza, sino de un movimiento auténticamente revolucionario que habría de cimbrar al país entero.

La Revolución no tardó en llegar a Jiquilpan, por medio de García Aragón, un antiguo zapatista que llegó al pueblo y comenzó a organizar grupos de agitación política, a los que se unió el joven Cárdenas. En breve tiempo se tuvo que proceder a la acción armada, con lo que Cárdenas se convirtió en un guerrillero en las filas revolucionarias, aunque su preparación y experiencia burocrática le permitieron incorporarse en condiciones de cierto rango, pues fue nombrado capitán, pagador y secretario en la gavilla de García Aragón.

Pero la fortuna no les fue favorable, y en las primeras escaramuzas, los insurrectos fueron derrotados por las fuerzas federales, de suerte que quedaron dispersos, y el pagador buscó refugio, primero en el rancho de un tío suyo, y después en Jiquilpan mismo, aunque pronto tuvo que abandonar el pueblo ante el asedio de los federales.

Finalmente, el pueblo cayó en manos de otro grupo rebelde, al mando del general Zúñiga. Cárdenas se unió a ellos, y a partir de entonces se definiría de manera clara como un auténtico revolucionario.

La revuelta no era un juego ni un entrenamiento de servicio militar, sino algo severo y dramático. Era la guerra misma, con todas sus facetas de crueldad, de odio, de idealismo y de ilusiones, pero todo marcado por el estigma de tratarse de una Guerra Civil, de una lucha entre hermanos.

En este torbellino bélico, Cárdenas participó en combates y formó parte del movimiento que buscaba el derrocamiento del dictador Huerta. El 3 de agosto de 1913 tomó parte en el combate de Tanganzícuaro, y el 13 de septiembre se batió en Paripán. El 22 de octubre pasó a las órdenes del coronel Cenobio Moreno, y junto a este militar estuvo, entre otras, en la batalla del 27 de octubre, que culminó con la toma de una importante plaza militar llamada "La Aguililla". Más tarde, en las tropas del general Eugenio Zúñiga, Cárdenas tomó parte en la batalla de Tlajomulco, en el Estado de Jalisco.

Más tarde se unió al bando de Obregón, donde alcanzó un grado oficial y con él entró en la ciudad de México al consumarse el derrocamiento de Huerta, lo que parecía el fin del movimiento armado y la restauración del orden democrático; pero aquello era sólo una ilusión, pues la caída de Huerta no propició la unión revolucionaria, al contrario, fue el comienzo de una mayor escisión y la toma de posiciones en extremo partidistas, como expresión de ambiciones personales o discrepancias ideológicas, lo que produjo un estado de cosas que se ha calificado de "Revolución Multiforme".

El movimiento constitucionalista, que enarboló contra Huerta la defensa de la "legalidad", y que tuvo a don Venustiano Carranza como indiscutible caudillo, fue incapaz de mantenerse unido, aun en condiciones de triunfo. El general Francisco Villa, comandante de la División del Norte, se sintió utilizado por Carranza y optó por seguir un camino propio, y muchas veces opuesto al del Primer Jefe, y en el Sur ocurría algo similar, pues la posición de Zapata iba tomando visos de verdadera rebelión, dentro de la Revolución.

La Convención, que aspiraba a lograr el consenso y la puesta de objetivos comunes, a la postre vino a representar un nuevo foco de inquietud, pues, a pesar de haber propiciado una cierta conciliación entre villistas y zapatistas, no se lograba la verdadera unión, y mucho menos el reconocimiento incondicional que solicitaba Carranza para instaurar un gobierno sólido.

En este panorama, la acción de Cárdenas se veía envuelta en un verdadero torbellino. Según la versión del cronista Taracena, los hombres que tenía a su mando pertenecían a las fuerzas del general Lucio Blanco, pero más tarde Cárdenas fue comisionado para ir Sonora con el general Cabral, en donde estaba trabada la pugna entre el carrancista Calles y los seguidores de Maytorena. Mas como la situación estaba complicada por la oposición nacional entre villistas y carrancistas, Cabral consideró pertinente hacer una denuncia de los hechos que fragmentaban al movimiento revolucionario y lanzó un manifiesto en el que decía que: *"...pasiones personales, envidias, celos, obcecamiento y falta de patriotismo, llevaron al seno de la Revolución triunfante el fuego devastador de la discordia, haciendo la división del Ejercito Constitucionalista en dos facciones. No queriendo Cabral agregarse a cualquiera de los bandos, resolvió no participar en la pugna, lo cual dio ocasión para que los 400 hombres al mando del teniente coronel Lázaro Cárdenas, optaran por unirse al general Plutarco Elías Calles."*

Por su parte, el hijo de Cárdenas, Cuauhtémoc, precisa los hechos de la siguiente manera:

"Al celebrarse la Convención de Aguascalientes, en la que se unen por corto tiempo las distintas corrientes revolucionarias, se ordena al 22 regimiento, que mandaba mi padre como teniente coronel, salir junto con otros cuerpos hacia el estado de Sonora. Para terminar el año de 1914, se separan el Constitucionalismo y la Convención, y el general Federico Morales, a cuyo mando iban los cuerpos destinados al estado de Sonora, entre ellos el Regimiento de Caballería, dice a los jefes de estas corporaciones, que él se irá a incorporar de nuevo al Constitucionalismo y que los dejaba en libertad de sumarse a la corriente que desearan.

...tienen una reunión los comandantes de los regimientos 22, 23 y 24 y 3er. batallones, y de dos compañías de ametralladoras, que estando enterados de que en Sonora combatían ya el general Plutarco Elías Calles, constitucionalista, contra el gobernador José Ma. Maytorena, que defendía a la Convención, deciden continuar dentro del Constitucionalismo, dirigiéndose entonces a incorporarse con el general Calles, que se encontraba en la plaza de Agua Prieta."

El desarrollo de estos acontecimientos significó para Cárdenas el inicio de un padrinazgo por parte de Calles, y también el comienzo de un proceso que llevaría a ambos a unas alturas políticas insospechadas para ellos en esos momentos.

Bonillas y Obregón

El año de 1915 correspondió, en el Noreste del país, a un encarnizamiento de la lucha entre los carrancistas y sus enemigos. En agosto de ese mismo año, el general Calles dispuso el ataque de dos columnas de caballería, una comandada por el teniente coronel Lázaro Cárdenas, contra Nogales, y la otra por el coronel Carlos Carranza, contra Villa de Magdalena. Pero la fuerte defensa de las plazas por parte de los maytorenistas demostró que lo que en un principio se había considerado una operación de rutina, en realidad era un verdadero reto militar. Cárdenas actuó por las zonas de Naco y de Nacozari, y en noviembre, cuando ya ostentaba el grado de coronel, se desempeñó con gran eficacia, por lo que pudo ocupar Nogales el día 26 de ese mes.

El escenario de su acción cambió después a Chihuahua, y más tarde, hacia 1917, desenvolvió su labor en su estado natal, Michoacán, donde el principal enemigo del carrancismo era el general Inés Chávez García, quien sostenía la bandera villista y que dominaba gran parte de la entidad, hasta el punto de que el gobernador carrancista, Pascual Ortiz Rubio, apenas podía ejercer su mandato en Morelia. La lucha que tuvo lugar en suelo michoacano no fue sencilla en ningún sentido; por el contrario, fue áspera y expuesta a toda clase de contingencias, aunque a la postre fue vencido Chávez García y el carrancismo quedó como una fuerza hegemónica sin lugar a dudas.

En esos tiempos, y bajo el amparo de Calles, Lázaro Cárdenas siguió una línea coincidente en lo general con el "Primer Jefe", hasta el encumbramiento final de éste, hasta su triunfo militar y político, que era la presidencia de la República.

Desde 1915, Villa comenzó a debilitarse a consecuencia de las varias derrotas que le infligiera Obregón, por lo que dejó de tener la gran importancia y peligrosidad que había alcanzado en otros momentos. En especial, lo debilitaron sus acciones revanchistas y absurdas en contra de los norteamericanos —asesinatos de civiles y asalto a Columbus—, realizadas cuando supo que los Estados Unidos otorgaban su reconocimiento a Carranza, lo que provocó la expedición punitiva norteamericana, que terminó sin éxito alguno en lo que se refiere a la captura de Villa, pero que fue decisiva para asentar el régimen de Carranza.

Por otra parte, Zapata fue eliminado por medios sencillos e inhumanos: el asesinato, que fue perpetrado en una emboscada en la hacienda de Chinameca en 1919. Con este acto, el gobierno constitucionalista dejó de tener enemigos importantes, y Carranza emergió como la primera figura revolucionaria, poniendo las bases para dar vigencia a la Constitución que se firmara en Querétaro y que fue su gran iniciativa. De esa manera se logró el restablecimiento del orden que se había perdido desde 1910.

Cuando se presentó la necesidad de una sucesión presidencial, Carranza quiso optar por el civilismo. Él mismo, que había llegado a ser el jefe máximo del movimiento revolucionario, no tenía grado militar; aunque los generales habían sido subordinados suyos. Pero queriendo hacer a un lado los militares, Carranza se decidió por un hombre sin fuerza ni mayor prestigio, el ingeniero Ignacio Bonillas; tal vez Carranza pensaba convertirse en el "hombre fuerte" detrás de la presidencia, pero los militares no estaban dispuestos a consentirlo, así que rápidamente se produjo una nueva revuelta contra el antiguo "Primer Jefe".

El plan de insubordinación salió de Agua Prieta, y tuvo como principales creadores a Adolfo de la Huerta, Álvaro Obregón y Plutarco Elías Calles.

Anticarrancismo

En 1920, Calles expresa su punto de vista contra Carranza, que representa una grave acusación, en una carta dirigida a Adolfo de la Huerta:

Como te participé en mi mensaje de hoy, presenté mi renuncia como Secretario de Industria y Comercio ante el señor Presidente. Te acompaño copia.

Mi situación dentro del gabinete era insostenible, tanto por la injustificada y dura oposición que tenemos todos los partidarios del general Obregón, cuanto porque no estoy dispuesto a hacerme cómplice de todos los errores y de todos los actos de la administración más corrompida que se registra en los anales del gobierno de México... Yo he hecho cuanto esfuerzo humano ha sido posible para ver si el jefe cambiaba sus procedimientos dentro de la ley, tal cual su deber se lo exige; pero todas mis gestiones han sido inútiles, pues este hombre, con la terquedad que lo caracteriza, está dispuesto a imponer al país, por cualquier medio, la candidatura del ingeniero Bonillas, y para lograr esto, cometerá las mayores injusticias y los más grandes errores sin respetar a los hombres, cualesquiera que sean sus méritos.

El reducido círculo que rodea a don Venustiano lo constituyen los hombres más corrompidos del país, y éstos son los que no lo dejarán volver al camino de la honradez."

El ejemplo de Calles cundió entre los jefes del ejército, y Carranza se encontró de pronto con un gran vacío político sin poder hacer nada para cubrirlo. Solo y sin fuerzas para llenar ese vacío, dejó la capital de la República, y rumbo a Veracruz tomó el camino de la sierra de Puebla.

Uno de los más convencidos miembros de la oposición era el coronel Lázaro Cárdenas, quien obedecía las órdenes de Calles y marchó a Veracruz, llegando con su tropa a una ranchería llamada "Entabladero", donde, por la tarde, se leyó la orden del día, que hacía saber a los soldados que iban *"al encuentro de la comitiva del señor Venustiano Carranza, y en el caso de tomar contacto con ella, por ningún motivo debe hacerse fuego, sino antes bien, procurar que alguno de los miembros de dicha comitiva se adelante a parlamentar con el jefe de la Columna de Caballería... coronel Lázaro Cárdenas".*

El texto de esa orden presuponía que Carranza estaba vivo, pero la realidad era otra. Un ataque de los soldados del general Rodolfo Herrero había segado la vida del caudillo en el pueblo de Tlaxcalaltongo. En esos momentos, el grupo de Cárdenas no tenía contacto con el de Herrero, pero cuando se reunieron en Coyutla, el 25 de mayo, Herrero dijo a Cárdenas que Carranza se había suicidado en Tlaxcalaltongo. Más tarde se conoció la verdad y Cárdenas hizo prisionero a Herrero, para conducirlo a Papantla, donde lo entregó al general Arnulfo R. Gómez, poniendo un telegrama a Obregón en el que le informaba de los acontecimientos.

Como quiera que se haya desenvuelto todo esto en sus pormenores, es obvio que la acción del coronel Lázaro Cárdenas coadyuvó a la caída de Carranza y al escalamiento de Obregón y Calles, quienes fueron los moldes de un militarismo extremado y de un modelo autocrático de gobierno.

En medio de la turbación causada por el cambio de régimen, Cárdenas volvió a su tierra, a Michoacán, y tomó para sí el cargo de gobernador del estado, a partir del 21 de junio de 1920, sin perjuicio de ser, al mismo tiempo, comandante de la zona, con lo que también obtuvo el nombramiento de general.

El gobierno de Cárdenas carecía de legitimidad, pues era un hecho de fuerza, por lo que los políticos locales se dispusieron a cuestionar su administración y convocaron a elecciones, mismas que, al parecer, fueron manipuladas por el ya general Cárdenas y por Francisco L. Mújica. En estas condiciones, los diputados federales michoacanos se entrevistaron con el presidente Adolfo de la Huerta y el secretario de Gobernación para que dictaminaran el caso. En el curso del mismo mes de septiembre, el Poder Ejecutivo Federal emitió dos decisiones respecto al caso Michoacán: en la primera, de fecha 25, dispuso la desaparición de los poderes locales; pero el día 29 fue reconsiderada la determinación, queriendo apegarse más a la realidad de los hechos. El gobernador Cárdenas, en efecto, recibió órdenes del Presidente de la República de no publicar el Decreto de la Legislatura instalada en el Palacio de Gobierno, por el que se reconocía como gobernador constitucional al general Francisco L. Mújica, quien reaccionó en seguida, enviando sendos mensajes a Obregón y de la Huerta, para explicarles su caso; pero, adelantándose a los acontecimientos, Mújica rindió su protesta, amenazando con que el Partido Socialista Michoacano recurriría a las armas para hacer respetar lo que consideraban un triunfo electoral.

Aquello fue un golpe para Cárdenas, pero él se mantuvo fiel al régimen obregonista, por lo que en 1922 obtuvo el cargo de jefe de las operaciones militares del Istmo de Tehuantepec, desde donde participó en la represión de los grupos rebeldes de Tabasco y Veracruz.

Al caer Carranza, el antiguo gobernador de Sonora y jefe de la revuelta de Agua Prieta, don Adolfo de la Huerta, ocupó interinamente la presidencia durante una temporada, en 1920, empeñándose en la pacificación del país y las convocatorias de elecciones para restablecer el orden constitucional. Pero cuando se inició una nueva administración, la del general Obregón, la paz sufrió serios deterioros y se volvió a imponer la fuerza sobre la política, adoptándose un estilo dictatorial, que si bien negaba los principios que habían dado lugar a la Revolución, daban solidez al país. Cárdenas fue parte de esa solidez, plegándose a las decisiones del ya establecido binomio Obregón-Calles.

Cuando Obregón estaba a punto de concluir su gestión presidencial, la situación política se complicó, pues se sentía la presión oficial para imponer a Calles en la presidencia, y frente a ello surgieron opositores tajantes que apoyaban la candidatura de Adolfo de la Huerta. Al respecto, dice el historiador Bravo Ugarte:

"Obregón, decidido a imponer la candidatura de Calles quien le garantizaba el retorno a la presidencia, no logró, como en 1920, el apoyo total del ejército. Éste se dividió en dos partes, aproximadamente iguales, que estaban, la una con Obregón, y la otra con el otro candidato presidencial, don Adolfo de la Huerta."

Cárdenas se mantuvo fiel a Calles, y al desatarse la lucha, actuó en contra de los delahuertistas en Jalisco. Obregón le recomendó que no presentara combate y se concretase a distraer a las fuerzas enemigas. No obstante, por razones poco claras, aparentemente se vio obligado a batirse en Huejotitlán, el 26 de diciembre, en condiciones de inferioridad numérica. La acción se prolongó algún tiempo, pero a la postre se dibujó la derrota; el mismo Cárdenas resultó con el pulmón derecho atravesado por una bala, a pesar de lo cual siguió dirigiendo las postrimerías del combate durante cuatro horas más. Al final, herido como estaba, cayó en manos de los rebeldes, lo que motivó un gran enojo por parte de Obregón, quien supuso que Cárdenas había desobedecido sus órdenes de mantenerse al margen del combate.

Afortunadamente, los delahuertistas no practicaban métodos bárbaros con los prisioneros de guerra, y el general Estrada dispuso que se prodigaran toda clase de atenciones a Cárdenas, quien fue llevado al Hospital Militar de Guadalajara, aunque Cárdenas prefirió que lo trasladaran al sanatorio del doctor Barriere, quien era de su confianza, lo que le fue concedido.

Cárdenas se recuperó de sus heridas y, a mediados de 1924, marchó a Ciudad Guzmán, para unirse a las fuerzas del general Amaro, con quien se dedicó a barrer de la región las últimas fuerzas opositoras, pues el delahuertismo se encontraba ya sumamente débil.

Aplastada la rebelión, la segunda figura política del país, el general Calles, quien aspiraba a la presidencia de la República, llegó a Guadalajara a mediados de 1924, y al efecto se organizó una manifestación.

Dice una nota de la época: *"El general Calles se dirigió en automóvil desde la estación de los ferrocarriles a los balcones de la cantina 'La Fama Italiana'... y él al auto, a su lado, iban los generales Lázaro Cárdenas y Amaro."*

En esos tiempos, el panorama político se presentaba como una vuelta al esquema ya tradicional del "hombre fuerte", papel que ahora era representado por el general Obregón, cuya actuación en este periodo es descrita por Vito Alessio Robles:

"Derrotó el general Obregón a Diéguez y a Enrique Estrada en la batalla de Ocotlán. Luchó denodadamente el caudillo sonorense por imponer a Calles como Presidente de la República. Para ello sacrificó a sus mejores amigos, llevó a cabo los tratados de Bucareli, manchó su administración, plegó la bandera tremolada para derrocar a Carranza, acabó con su prestigio personal... Ayudó eficaz y gloriosamente a derrocar a Victoriano Huerta, pero entronizó a Elías Calles, torvo, sombrío y feroz."

A la sombra del caudillo

De 1925 a 1927, el general Cárdenas fue comandante del regimiento de protección del puerto de Tampico. En esa época comienza a perfilarse su estilo y su ética política. Afirma el historiador Towsend que en esos tiempos se mostró enemigo de la existencia de las "guardias blancas" en la región petrolera, que construyó escuelas para los hijos de los soldados, del tipo de las que después, como presidente, promovió por todo el país; además de que se mostró siempre enemigo de la corrupción. Pero tal vez lo más destacable de este ensayo de gobierno que realizó Cárdenas en Tampico, fue la "Reforma Agraria" que llevó a cabo en un rancho que tenía en arrendamiento; relata Towsend:

"El general Piña Soria, que se encontraba cerca con algunos de sus compañeros de armas, escuchó el dictado y recordaba que era más o menos lo siguiente: En virtud de que mis convicciones son de que la tierra y lo que produce deben ser para el que trabaja, entregue usted a los trabajadores que viven en mi racho las parcelas de tierra, a fin de que las cultiven ellos mismos en su beneficio y libres de toda renta. Súrtalos de semilla y facilíteles, sin costo alguno, los implementos y animales que necesitan para su trabajo. Siembre el resto de la tierra y págueles a los trabajadores lo suficiente para que puedan vivir con sus familias como seres humanos, ya que como tales tienen derecho a buen trato. De lo que las tierras cultivadas produzcan, páguese primero la renta del rancho y los gastos de administración, y si sobra algo, empléelo en obras de beneficio colectivo, tales como escuelas y caminos."

Estos conceptos son perfectamente congruentes con los ideales de la Revolución, cuyo centro emocional y económico se encuentra, al igual que la anterior Revolución de Independencia, en las raíces campesinas. La posterior actuación de Cárdenas, ya como presidente, en el sentido de la Reforma Agraria, no niega la postura humanística que se deduce de la cita que se le atribuye, pero sí modifica su carácter meramente altruista, al darle al campo una estructura política, poniendo particular interés en la colectivización, lo que revela la transición del liberalismo al socialismo.

En otro orden de cosas, desde mediados de 1927 se comenzaron a movilizar las fuerzas políticas para llevarlo, una vez más, al gobierno de Michoacán, y en enero de 1928 fue postulado de manera formal.

La muerte de Obregón

No era una situación de auténtica paz la que se vivía en el país. La Guerra Cristera no se había podido controlar, y las pugnas entre los diferentes grupos políticos muchas veces se resolvían por medio de la sangre, sobre todo cuando se presenta la negación del principio revolucionario de "no reelección" y el Presidente Obregón es elegido para un nuevo periodo en los comicios de 1928; pero, como todos sabemos, él no llegaría a ocupar el cargo, pues el 17 de julio del mismo año, es asesinado por un fanático católico, León Toral, en el restaurante "La Bombilla".

En estas circunstancias, el general Cárdenas creyó que el camino a seguir era el apoyo incondicional a Calles, ya fuera por motivos de lealtad personal o por afinidad con su política, como lo dice en una carta dirigida al general Mújica, fechada el 15 de agosto de 1928:

"Estoy muy de acuerdo en su opinión de que debe el general Calles continuar en el poder por dos años más; así se lo expresé a él, y en este sentido se está trabajando para hacerle una manifestación general. Nadie más que él debe seguir dirigiendo los destinos del país. No hay ahorita personaje que lo sustituya, porque ninguno tiene ascendiente en todas las clases de la República como él la tiene."

En otra oportunidad, Cárdenas hizo declaraciones que se presentaron en un diario metropolitano, en el que elogia a Calles:

"Nosotros aplaudimos y respaldamos lo expresado por el señor Presidente de la República en el informe que rindió ante el Congreso de la Unión... No hemos sido nosotros los que sanciona-

mos la actitud del señor General Calles, sino la opinión pública. Regresamos a las poblaciones donde residimos, satisfechos de haber asistido a uno de los actos más trascendentales que se han registrado en la historia de México, y llenos de buena voluntad y de entusiasmo para seguir laborando en el engrandecimiento de nuestra Patria. El ejemplo del señor general Calles nos ha tonificado y ha multiplicado nuestros anhelos de progreso."

La experiencia michoacana

Con el favor del nuevo "hombre fuerte" de la política nacional, Cárdenas asumió el gobierno de su estado natal, situación que puso en sus manos, por primera vez, la posibilidad de llevar a la práctica sus ideas con mayor amplitud y dar vigencia a sus convicciones sociales, esto es, dar forma a su idea de "justicia social". En el programa que delineó al respecto, insistía en que realizaría un programa agrario, abriría nuevos planteles y ayudaría al fomento de la industria y de las comunicaciones, en suma, que haría todo aquello que tendiese *"al mejoramiento de las clases laborantes y al progreso del estado"*.

En total, estuvo 18 meses al frente de la administración de su estado, con tres interrupciones. Durante ese tiempo —apunta bravo Ugarte— hizo sentir su *"afán por la reestructuración social y económica de Michoacán"*, la que acometió en tres áreas principales: *"el agrarismo, el monopolio político y la desfanatización"*.

Consecuente con su punto de vista y sus promesas, abrió alrededor de 150 escuelas nuevas en el estado. Implantó la coeducación; proporcionó apoyo a la Universidad de San Nicolás, y el impulso a la izquierda fue decisivo, sobre todo en materia agraria, pues Cárdenas dispuso el reparto de muchas haciendas y fundos, en un total de 408,807 hectáreas a favor de 24,000 familias de ejidatarios, mediante 400 dotaciones efectuadas con este motivo. Emprendió la construcción de canales de desagüe en tierras pantanosas; la apertura de caminos, incluyendo la parte michoacana de la carretera México-Guadalajara, y ordenó que se otorgasen créditos a los hombres del campo, como medida de habilitación indispensable para fomentar la producción agraria.

En esta primera gestión auténtica como gobernador de su estado, Cárdenas pudo ejercer un talento político que hasta el momento no se había manifestado, creando todo tipo de organizaciones sociales a las que se le podía dar una cuota de poder, pero siempre bajo el patrocinio y la guía del gobierno. En realidad, esta estrategia de gobierno "corporativista" ya había sido practicada con éxito en los gobiernos de Obregón y Calles; sobre todo en la creación de la Confederación Regional Obrera Mexicana que, nacida en 1918 en el Congreso Obrero de Saltillo, había crecido hasta convertirse en un fuerte movimiento al que se le dio una viva dimensión política en el curso de los años posteriores. *Durante los periodos presidenciales de los generales Álvaro Obregón y Plutarco Elías Calles* —apunta Alfonso López Aparicio— *los fondos públicos concurrieron abierta o secretamente, pero en todos los casos con largueza, a subsidiar las actividades sindicales y políticas de los jefes cromistas. Por su parte, Cárdenas hizo algo semejante: Una de sus primeras medidas fue organizar a los trabajadores del campo y de la ciudad, para crear en ellos su conciencia de clase y que pudieran reclamar, obtener y conservar los derechos que las leyes les otorgan. Al efecto, se fundó la Confederación Revolucionaria Michoacana del Trabajo, que unificó a los muchos sindicatos de naturaleza diversa que se fundaron en casi todos los lugares del estado; ahí se formaban los líderes, que eran agraristas, políticos y desfanatizantes. Y a la par de esto, el gobernador se valió de los ayuntamientos y la masonería como fuerzas políticas efectivas. De los líderes agraristas dependían las elecciones, y cuando era necesario, se ponía un presidente municipal "de nombramiento"*. En cuanto a la campaña "desfanatizante", que en última instancia era un movimiento anticatólico: *"...hubo quemas de santos en varios lugares, como en Zacapu, y violentas reacciones del pueblo, como en Cherán."*

Lázaro Cárdenas.

Éstos serían los lineamientos de su proyecto político en el estado de Michoacán; estudiantes, obreros y campesinos, constituyeron los elementos políticos con los que el gobernador de Michoacán quiso contar en esta primera experiencia al cargo de un gobierno, y posteriormente en líneas generales, éste sería su estilo personal de gobernar de ahí en adelante.

La presidencia de Portes Gil

El informe leído por el Presidente Calles el 1o. de septiembre de 1928, tuvo una gran resonancia en todo el país, pues en él, Calles declaraba enfáticamente lo que en realidad era simplemente su deber: que al concluir su mandato, simplemente se retiraría del poder; además "... *elogió al general Obregón, y terminó por anunciar que el caudillismo había desaparecido en México*".

Para los cronistas parlamentarios, escribe Taracena, "*esto hace que el soporífero mensaje se convierta en un documento político de un interés político y de tanta trascendencia como ninguno. A pie juntillas, creen que el general Calles no volverá a mandar. Y, por supuesto, hablan de los aplausos cerrados y de los 'vivas' que interrumpieron al Primer Magistrado, pero falsean la verdad histórica y callan que el diputado Aurelio Manrique se puso de pie, cuando se aplaudía, y entre el estruendo de los vivas gritó con voz potente: '¡Farsante!' El general Calles lo miró y, sin concederle importancia, prosiguió la lectura. Al terminar, y al pisar el último peldaño de la escalera de la plataforma, el diputado Manrique volvió a gritar: '¡Farsante!' El aludido tornó a mirarlo fríamente y siguió avanzando paso a paso*".

Alessio Robles narra la secuela del suceso:

"*Poco después de esta importante ceremonia, el general Calles aprovechó la impresión que había dejado la lectura del histórico mensaje, y convocó a los principales militares del país a una junta en los salones del Palacio Nacional. Ahí les ratificó que él se iba a retirar a la vida privada al concluir su periodo presidencial; que le dieran amplias facultades para hablar con los diputados y los senadores, y designar un candidato civil –puesto que ya había terminado el abominable caudillaje–, para que el día primero de diciembre de 1928 ocupara la Presidencia de la República el nuevo Mandatario de México, y convocara al país inmediatamente a elecciones. A esta junta acudieron los generales Joaquín Amaro, Gonzalo Escobar, Miguel Acosta, Juan Andreu Almazán, Fausto Topete, Francisco Manzo, José Ma. Ferreira, Roberto Cruz, Jesús Aguirre, Alejandro Mange y algunos otros. Todos los militares ahí presentes estuvieron conformes en darle facilidades al general Calles para que designara al candidato interino a la Presidencia de la República y fuera aprobado por el Congreso de la Unión."*

Aunque es omitido por Alessio Robles, se sabe que el general Cárdenas también acudió a esa junta, efectuada el día 5 de septiembre, pero no habló en ella... *"pues en la versión taquigráfica no aparece una sola palabra suya"*. Sin embargo, días más tarde, Cárdenas dio a conocer un mensaje firmado por él desde Michoacán, en donde desmentiría que en esa reunión se hubiese acordado designar al licenciado Emilio Portes Gil como "presidente provisional de la República", como había afirmado Manrique en la Cámara de Diputados, el 8 de octubre. A principios de septiembre, hubo otra reunión en el hotel Regis de la ciudad de México, a la que concurrieron los principales políticos del país para discutir las alternativas de candidatura para la presidencia. Se dividieron los puntos de vista y salieron a relucir varios nombres, tanto de militares como de civiles, incluido el de Portes Gil; por supuesto, en esa reunión no se tomó ninguna decisión en espera de la palabra decisoria de Calles. Finalmente, el 18 de septiembre de 1928, se unificó el criterio en torno a Portes Gil; por lo que, el 25 de septiembre, el Congreso designó por unanimidad, presidente provisional al licenciado Emilio Portes Gil. Y al día siguiente se expidió el Decreto que convocaba a elecciones extraordinarias de Presidente Constitucional.

Rebelión en el Norte

Muchos y muy variados fueron los acontecimientos que tuvieron lugar durante la gestión del licenciado Portes Gil, quien varios meses más tarde se vio envuelto en una situación todavía más complicada y difícil de la que había antes de que él tomara posesión de la presidencia. La campaña electoral puesta en marcha, la animosidad de algunos en contra del orden establecido; la lucha cristera y el descontento de no pocos militares y políticos en contra de un estado de cosas en el que se veía la mano dura de Calles, determinaron la reactivación de la agitación social.

Uno de los candidatos a la Presidencia de la República, el licenciado Gilberto Valenzuela, se lanzó a la contienda cívica, pronunciando fogosos discursos y terminando por proponer, en febrero de 1929, el Plan de Hermosillo, por el cual se desconocía a Portes Gil se instaba a la integración del "Ejército Renovador de la Revolución" y se reconocía como "Jefe Supremo" de este movimiento al general José Gonzalo Escobar.

El documento invitaba a todo el pueblo mexicano... *"para que secunde esta protesta armada, como única forma de amputar los fatídicos males que agobian a nuestra patria, lo que hacemos con el conocimiento de que se ha agotado toda esperanza de mejoría nacional, mientras Plutarco Elías Calles siga dirigiendo sin ningún derecho la nación, con esos fines aviesos que siempre han constituido su norma de conducta. Y tras hacer diversas imputaciones al 'hombre fuerte', incluso la de haber tramado la muerte de Obregón y de otros, terminaba la proclama de este modo: Ya exterminamos del poder a los retrógrados, hay que exterminar ahora a los traidores de la Revolución y de la libertad. ¡Abajo el dominio de Plutarco Elías Calles! ¡Abajo la imposición! Queremos construir un pueblo libre para pensar, para obrar de acuerdo con nuestras leyes a costa de tantos sacrificios conquistados"*.

En estas circunstancias, mientras se jugaba en los círculos oficiales con diversas candidaturas, se optó por dar el visto bueno al embajador de México en Brasil, ingeniero Pascual Ortiz Rubio, antiguo gobernador de Michoacán. Se realizó entonces la Convención del Partido Nacional Revolucionario, y su tarea fue la de dar su sanción a quien habría de ser postulado conforme a las directrices del grupo dominante. Los más fuertes intereses políticos se encontraban ahí representados, y en esas condiciones se dirimía el porvenir inmediato del callismo, y por tanto, la dirección política del país.

Fue en el marco de estos acontecimientos, que el 2 de marzo de 1929 estalló la revuelta en los estados de Veracruz, Sonora, Chihuahua, Nuevo León y Durango, misma que volvería a conmover al país y que provocó el involucramiento del general Cárdenas, en esos momentos dedicado a la administración de su estado.

Por su parte, el gobierno, en vista de la gravedad de los hechos, decidió actuar con firmeza. El presidente interino, Portes Gil, designó al propio general Plutarco Elías Calles como jefe de la expedición represiva, y él marchó rumbo al Norte del país, a enfrentarse con los rebeldes.

La actuación militar de Calles fue tan eficaz, que al poco tiempo la revuelta fue desarticulada. El Presidente Portes Gil, por medio del subsecretario de Guerra, mandó un telegrama-circular de congratulación a los miembros del ejército y a los jefes que habían dirigido las campañas, entre los cuales se encontraban Plutarco Elías Calles, Juan Andreu Almazán, Rodrigo M. Quevedo, Miguel Acosta Jaime Carrillo, Saturnino Cedillo... y Lázaro Cárdenas.

La *cristiada* y los *arreglos*

Al reasumir su cargo en Michoacán, Cárdenas vivió los últimos momentos de la Guerra Cristera, que culminó con la rendición de los rebeldes.

En junio de 1929, se llevaron a cabo los "arreglos" entre los altos prelados de la Iglesia Católica y el presidente Portes Gil. El verdadero autor de dichos arreglos, fue el embajador norteamericano Monrow; él mismo los redactó en inglés y fueron traducidos al español para su firma, bajo la estricta supervisión y tutela del gobierno de los Estados Unidos.

Al darse por "arreglado" el problema, la Guardia Nacional Cristera comenzó a disolverse, aunque en Michoacán la lucha continuó durante un tiempo más, hasta que el gobernador Cárdenas entró en personales arreglos con el sacerdote Ríos, quien logró convencer a los rebeldes de la región para que aceptaran la rendición y depusieran las armas.

El caso Vasconcelos

Aparentemente, la lucha política electoral se había logrado controlar, pues, de grado o por fuerza, se había excluido algunos de los candidatos más conflictivos, como Gilberto Valenzuela, Román Badillo, Antonio Villarreal, postulado por el Partido Antirreleccionista, o Pedro V. Rodríguez, candidato del Partido Comunista. Habiendo renunciado Arón Sáenz, de marcada militancia obregonista, en la lid quedaron solamente dos candidatos sustanciales: el ingeniero Pascual Ortiz Rubio, en el campo oficial, y el licenciado José Vasconcelos, en la disidencia política, no armada.

En esta tensa situación, el vasconcelismo fue ganando adeptos, pues representaba el rechazo a las posiciones de fuerza, al caudillismo y a los intereses creados. Fue, como antes no se había visto, una corriente de amplia base popular que buscaba, junto con el cambio de los cuadros políticos, dar un nuevo aire a la vida pública y poner fin a la férrea dictadura del callismo.

El avance político de Vasconcelos era indiscutible. Como parte de su gira de trabajo, se presentó en Morelia. Lázaro Cárdenas le aseguró neutralidad; sin embargo, le advirtió que no toleraría "que se le tocara a Calles".

El grupo hegemónico, que tenía a Calles por cabeza, salió al paso del vasconcelismo. El régimen se decidió abiertamente por Ortiz Rubio, comenzando una campaña publicitaria tendiente a denigrar la imagen de Vasconcelos. La violencia física no tardó en presentarse en diferentes lugares. En Tampico, el jefe vasconcelista Aurelio Celis, fue asesinado, convirtiéndose su sepelio en un acto político por parte de sus seguidores. En otras partes hubo acoso e intimidación a los manifestantes. Un caso destacado, fue el asesinato del estudiante Germán de Campo, ardiente vasconcelista, perpetrado, como se supo después, por pistoleros del Partido Nacional Revolucionario (PNR), que era el órgano político del callismo. En represalia, el 20 de octubre, los vanconcelistas atacaron un hotel en Tepic, donde se alojaba una delegación del PNR. Hubo varios heridos y la trifulca sólo se detuvo por la intervención de las fuerzas federales; en el mismo Tampico ocurrió una balacera el 3 de noviembre. Los hechos de violencia comenzaron a cundir en todas partes, al tiempo que se desataron rumores de revuelta, movilización de tropas y, en general, un ambiente de expectativa y temor.

El día de las elecciones, el 17 de noviembre, se desbordó la nota trágica; sólo en la capital hubo siete muertos y 19 heridos, según el informe oficial; aunque se considera que hubo muchos más. De modo inevitable, dice Taracena, "*... las tropas, en casi todo el país, se apresuraron a proteger el fraude, el robo de las ánforas, la desaparición de las actas y la dispersión de las masas de los votantes, a las que se impedía acercarse*".

Aquélla fue la primera vez que se echó a andar la maquinaria oficial, de la que el PNR era solamente el brazo electoral, pero que se identificaba con el Estado mismo, por lo que no era posible someterse a un auténtico juego democrático.

Calles, el director visible de la orquesta electoral, contaba, al fin y al cabo, con el ejército, con las organizaciones obreras y campesinas oficiales, y en especial, el apoyo decidido de la mayoría de los gobernadores de los estados, en especial de Cárdenas, en Michoacán, lo que resultaba de gran importancia, pues la oposición católica en aquella región, lastimada por el desmantelamiento del movimiento cristero, había apostado a Vasconcelos, quien estaba abiertamente en contra de las medidas "desfanatizadoras" del gobierno de Cárdenas.

Finalmente, sin mayores juicios o demostraciones de resultados electorales, fue declarado vencedor el ingeniero Pascual Ortiz Rubio, por todos considerado como un simple representante del verdadero poder, atribuido al caudillo, Plutarco Elías Calles.

En camino a la presidencia

Al poco tiempo del ascenso de Ortiz Rubio, Lázaro Cárdenas vio ampliado su horizonte político, al ser nombrado presidente del Partido Nacional Revolucionario, cargo que si bien no tenía una representatividad pública, era de gran importancia política, pues representaba el máximo reconocimiento del régimen en cuanto a lealtad y congruencia ideológica. Para asumir esta nueva responsabilidad, Cárdenas solicita del Congreso michoacano una licencia indefinida, lo que le es concedido sin mayor trámite.

El Partido Nacional Revolucionario (PNR) había sido constituido en tiempos del Presidente Portes Gil, bajo la guía de Calles, para ser un elemento de estabilidad en el caos de las luchas políticas representadas por diversas corrientes, intereses e individuos, además de plantearse como un instrumento de impulso y sostenimiento de los ideales propios del movimiento surgido en 1910. El PNR fue concebido, desde un principio, como un "partido de Estado", a la manera de los partidos comunistas o fascistas que ya funcionaban en Europa.

Cárdenas sirvió con eficiencia a la estructura hegemónica de gobierno como dirigente de un partido de Estado que fue el gran aglutinante de las pasiones políticas y que, al margen del juicio de la filosofía política, propició la pacificación del país y dio estabilidad política, subsistiendo por muchos años al amparo de una justificación que el propio Cárdenas expresa a la luz de lo que ya era historia, en 1957:

"La Revolución está en deuda con el pueblo de México, pues el peligro de que sectores retardatarios y contrarrevolucionarios

intentaran apoderarse del poder público, venía obligado a controlar, en cierta forma, la libre expresión del voto popular; pero la madurez que ha alcanzado nuestro pueblo, nos impele a reconocer que ha llegado el momento de revisar el pasado y renovar nuestros sistemas electorales para que todos los sectores de México entren en el juego de la política nacional, aun la misma oposición, siempre y cuando se organice adecuadamente."

Cárdenas solamente duró 10 meses al frente del PNR, pero eso fue suficiente para dar a este organismo la solidez estructural e ideológica que le dio permanencia y eficacia en esos tiempos y en los posteriores. Al igual que en el gobierno de su estado, en el PNR, Cárdenas se reveló (y tal vez se descubrió a sí mismo) como un político de primer orden.

Cárdenas ocupó la presidencia del PNR de noviembre de 1930 a agosto de 1931.

El gobierno de Rodríguez

Poco antes de la lectura del informe presidencial, el 1o. de septiembre de 1931, el general Cárdenas renunció a la presidencia del PNR; y el pretexto fue que, habiendo dispuesto que el informe se rindiese en el Estadio Nacional, el Congreso no accedió, y Cárdenas vio en ello una falta de confianza, lo que motivó su dimisión.

Inmediatamente se le otorga el cargo de Secretario de Gobernación, puesto al que también renuncia dos meses después, para reasumir el gobierno de Michoacán, la que seguía siendo suya, pues solamente se encontraba en licencia. De nuevo en funciones, una de sus primeras disposiciones fue la erección de una enorme estatua de José Ma. Morelos en la isla de Janitzio. En estos últimos tiempos de su gestión como primer mandatario de su estado, Cárdenas siguió demostrando su gran talento como político, desarticulando los últimos vestigios de la oposición cristera, e impulsando con gran rapidez y eficacia las instituciones sociales; su gran acercamiento y atención a los problemas de los indígenas purépechas le valió el afectuoso nombre de "Tata Lázaro".

En el estado de Michoacán todo parecía marchar sobre ruedas; pero en la política federal volvía a reinar la incertidumbre, y finalmente la situación se tornó crítica al producirse la renuncia del Presidente Ortiz Rubio. Sobre esto escribe Pereyra:

"A los dos años [Ortiz Rubio] dimitió, por medio de un documento confuso, en el que se resiente la falta de una explicación

vertical de los hechos. En medio de afirmaciones generales y nada transparentes, y sin aportar mayores datos, postuló: 'En planos de política, la suprema razón de la persistencia es la unidad; la justificación patriótica única para seguir gobernando es el éxito que pueda estarse alcanzando en bien del país. Si la unidad se halla amenazada, si el éxito de la acción del gobierno se ha resentido y se resiente de esta falta de unidad, y si, como pasa conmigo, me sigo considerando miembro del Partido Nacional Revolucionario por lealtad a sus principios, que encarnan en el pensamiento original que le dio vida, el triunfo definitivo de la Revolución Mexicana, mi deber fundamental es renunciar al ejercicio del mandato que el pueblo me confió a través y por selección de ese partido, para que con mayor unidad de acción en el futuro – ya que no de pensamiento – se logren plenamente las altas finalidades que todos perseguimos. Creo de esta manera sellar con un rasgo de definitiva y declarada lealtad, mi modesta actuación como Primer Magistrado. Creo contribuir así también a la consolidación de la Doctrina Calles, de aquella salvadora Doctrina de 1928, ratificada hoy como ayer por hechos de su creador, que estableció que nada significan los sacrificios ante la necesidad de hacer de México un país de instituciones y de leyes, capaz de hallar en el libre juego de sus organismos legales democráticos y en el retiro de quienes sean menos necesarios o útiles en cada instante, la resolución de los más graves problemas políticos que puedan presentarse...' "

Con base en tales premisas, la deducción lógica es que Ortiz Rubio se consideraba a sí mismo "menos necesario" y "menos útil", por lo que tenía que hacerse a un lado. Presentada la renuncia, el Presidente y su familia subieron al tren oficial, el "Verde Olivo", que partió con rumbo a la frontera norte, donde la familia pasó a los Estados Unidos.

En estas circunstancias y de manera urgente, se reunió el Congreso con la finalidad de nombrar un sustituto, pues la presidencia no podía permanecer vacante. El día 4 se hizo la transmisión del poder, y el general Abelardo L. Rodríguez rindió protesta como Presidente Constitucional, en calidad de interino y sustituto.

La sombra del Jefe Máximo se seguía cerniendo sobre la política nacional, y eso era algo por todos conocido, al grado de que, al producirse la renuncia y la sustitución, los periodistas se presentaron ante Calles para preguntarle si el gabinete del nuevo Presidente sería el mismo o no; por supuesto, Calles dijo que eso era "incumbencia del nuevo mandatario"; sin embargo, en esos días, Cárdenas recibió un telegrama de Calles, en el que le ordenaba se presentase de inmediato en la ciudad de México, para hacerse cargo de la Secretaría de Guerra, en el gabinete provisional que estaba por formarse. A pesar de lo imperativo de la propuesta, Cárdenas simplemente dejó que pasara el tiempo y terminara su periodo en el gobierno del estado, lo que era cosa de varias semanas. En ese tiempo, y solamente por la vía civil, contrajo matrimonio con la señorita Amalia Solórzano, lo que ocurrió en septiembre de 1932.

Al terminar su mandato, Cárdenas asumió la Jefatura de Operaciones Militares de Puebla, y al poco tiempo, desde el 1o. de enero de 1933, por fin ocupó el cargo de Secretario de Guerra, en el gabinete de Abelardo L. Rodríguez. Según el historiador Towsend:

Lázaro Cárdenas y su esposa, Amalia Solórzano.

"Ésta fue una demostración de confianza extrema, ya que el hombre que se encontrara al frente de este importantísimo ministerio, si lo desea, puede arrastrar a todo el Ejército. Por lo tanto, se requería para tal puesto a un hombre de lealtad a toda prueba, y con la energía necesaria para afrontar situaciones como las que se aproximaban: elecciones presidenciales, épocas en las que, por lo general, solían producirse levantamientos."

La postulación presidencial

La actuación de Cárdenas al frente de la Secretaría de Guerra fue muy eficiente, pero más que eso, resultó trascendente, pues él creó uno de los grandes "candados" que hicieron de México un país estable en términos de control militar, dividiendo las fuerzas en cuatro áreas, relativamente independientes, pero siempre bajo el Mando Supremo de quien fuera el Presidente de la República; los cuatro organismos militares fueron: el estado Mayor del Ejército, la Inspección General, la Dirección de Materiales de Guerra y los Comandos Superiores. Estas áreas funcionaban como los "compartimentos estancos" de un barco, en los que se prevé que si un área se inunda, las otras podrán mantener el barco a flote. Utilizando esta misma metáfora en el caso del gobierno de la República, el capitán de este barco pudiera mantenerlo a flote en el caso de que una de las áreas se perdiera, por ejemplo, si se rebelara una parte del ejército, el Presidente podría contar con otra parte, siendo independiente la una de la otra, además de que podría tener control sobre los abastecimientos, incluyendo las armas y el parque, con lo que una posible asonada o golpe militar se dificultaría enormemente. El múltiple juego político que se produjo a partir de la división de las fuerzas armadas permitió el ejercicio del civilismo en la política y sobre todo el fortalecimiento del gobierno como una instancia superior a la de la simple expresión de la fuerza, representada por los militares. Esta eficaz estrategia nos liberó de la tentación del golpe de Estado, tan común en los países de América Latina, y este modelo se debe al genio político de Lázaro Cárdenas.

Fue allí, en la Secretaría de Guerra, donde el nuevo embajador de los Estados Unidos en México, Josephus Daniels, conoció al general Cárdenas. En aquellos momentos el diplomático no sospechaba que aquel hombre llegaría a ser Presidente de la República, pero evidentemente quedó bien impresionado, pues en una entrevista posterior se refirió a Cárdenas como *"... el hombre destinado a heredar la capa de Juárez"*. En la misma entrevista, Daniels expresó lo siguiente:

"Me pareció joven para figurar en el gabinete (entonces tenía 38 años), pero en México los prefieren jóvenes. Era entonces un soldado sin uniforme, de porte erguido, pero con más apariencia de hombre de negocios que de conductor de tropas en el campo de batalla... Los diplomáticos de carrera de mi embajada me informaron que Calles había colocado al general Cárdenas en el gabinete, pues en la última década Calles había escogido presidentes y nombrado sus gabinetes.

Sin embargo, además de cualquier otra circunstancia, tal puesto era sólo un trampolín para destinos más elevados, de mayor jerarquía, porque el 16 de 1933, renunció Cárdenas a la Secretaría de Guerra para aceptar su postulación como candidato a la Presidencia de la República, con antecedentes políticos que justificaban el paso.

Respecto de la historia de esta candidatura, es relatada por Eduardo J. Correa de esta manera:

"El primero que puso sus ojos en el general Cárdenas para que asumiera la Primera Magistratura del país fue el general Gildardo Magaña, de filiación zapatista, inteligente, perseverante y enamorado del programa agrarista. Juzgaba que el lema de 'Tierra y Libertad' de los hombres del Sur, no se vería realizado por el callismo, y para convertirlo en un hecho, se fijó en su paisano don Lázaro.

Éste desempeñaba entonces la jefatura de la zona militar, que tiene su cabecera en Puebla, a donde se dirigió el entrevistado. Le expuso el objeto de su viaje, pintándole la situación como él la veía, y le hizo comprender el peligro en que estaba la Revolución, y la necesidad de impedir su fracaso.

El general Cárdenas mostró sorpresa al escuchar los proyectos de su colega Magaña, y le manifestó que nunca había soñado en la posición que le ofrecía, y que dudaba de su aptitud para regir los destinos de la nación, aunque no negó que las conquistas revolucionarias estaban amenazadas por la política de contemporizaciones que se seguía.

Don Gildardo apoyó su plan, asegurando que de antemano había sondeado a algunos jefes con mando de fuerzas, hallándoles concordes con sus ideas y afirmando, además, que contaba con la cooperación valiosa del general Saturnino Cedillo, de filiación agrarista y con un respetable número de hombres a sus órdenes.

Ante la viabilidad del ofrecimiento que se le hacía, el general Cárdenas lo aceptó, conviniéndose en que, en su oportunidad, se trabajara a su favor en el ánimo del general Calles, y agradecido con el que le abría camino para llegar a la presidencia, le prometió estar a la recíproca, brindándole que sería su sucesor en el mando del país si él llegaba al Palacio Nacional.

Lázaro Cárdenas

El apoyo del jefe máximo

Magaña se puso de inmediato a trabajar en la candidatura; supo crear convicciones, pactos y toda clase de acuerdos, y cuando se hizo necesario salir a la luz para determinar a quién habría de designarse como candidato, ya estaban en marcha fuerzas susceptibles de apoyar y sostener a Cárdenas ante el Gran Elector, que, por supuesto, era Calles.

"*Por un lado* —dice Correa—, *agrupó a los elementos que creía no adictos al callismo, y por otro, hizo que se conquistara a los que estaban más cerca del que entonces era la clave de la política nacional, destacándose entre éstos: el general Abelardo Rodríguez, encargado del Poder Ejecutivo; el famoso licenciado Tomás Garrido Canabal, y el gobernador de Sonora, don Rodolfo Elías Calles, para que unidos, pugnaran por la postulación del general Cárdenas.*

Cuando se acudió al general Calles a proponerle la candidatura de Cárdenas, no se hallaron graves tropiezos; al contrario, había coincidencia en el propio deseo. Prosiguiendo tal fin, el divisionario sonorense había colocado en posiciones destacadas al que preparaba para el Mando Supremo, le había buscado realce a su personalidad, elevándolo a la jerarquía militar y confiándole puestos políticos prominentes.

Sólo había un problema, Calles pensaba que Cárdenas era demasiado joven "*...inmaduro aún, necesitaba mayor experiencia para asumir las responsabilidades de la presidencia; convenía que acabara de cuajar, esperar hasta 1940.*

La resistencia inicial no perduró. Existían fuerzas poderosas para laxarla. Una, el propósito de mantener la concordia entre la familia revolucionaria, la de aglutinar factores un poco distancia-

dos; otra, el deseo de complacer al ejército, y la principal, el afecto casi de padre que el general Calles sentía por el soldado de Jiquilpan, que desde la escisión entre el carrancismo y el villismo se puso bajo sus órdenes y le había guardado fidelidad absoluta".

Respecto de esta candidatura, se han generado muchas interpretaciones; pero consideremos las de dos importantes intérpretes de la historia política de México:

Jesús Silva Herzog:
"Sencillamente creo que la designación de Cárdenas como candidato del Partido Nacional Revolucionario, se debió a que el general Calles dijo que Cárdenas debía ser candidato a la presidencia de la República. Y todo lo demás que se hizo, las comunidades agrarias y otros grupos proponiendo a Cárdenas, fueron manejos del PNR... Calles quería a su amigo Lázaro Cárdenas en la presidencia, porque él pensaba que podía manejarlo a su arbitrio... Eso había hecho Calles con Ortiz Rubio, Portes Gil y Abelardo Rodríguez."

Vicente Lombardo Toledano:
"Detenido el movimiento obrero, detenida la Reforma Agraria, favoreciendo el juego, sin plan para hacer frente a la crisis, Abelardo L. Rodríguez nada más reaccionaba en contra de toda manifestación de protesta. Ése fue su rol, su papel; pero, afortunadamente, el Jefe Máximo de la Revolución... no tenía candidato de su confianza. Empezamos a trabajar nosotros fuertemente en el ala izquierda del PNR para sustituir a Rodríguez. Entonces fue cuando pensamos en el general Lázaro Cárdenas... La Convención aprobó la candidatura de Lázaro Cárdenas, porque se movieron muchos factores dentro del ejército y fuera de él en favor suyo, y cuando Calles vio la candidatura de Lázaro Cárdenas, naturalmente no pensó que era una adversario suyo ni mucho menos."

Estas versiones parecen contradictorias entre sí, pero más bien reflejan varias fases dentro de un mismo hecho histórico y el conjunto de circunstancias en el que se produjo, aun cuando la voluntad de Calles haya sido decisiva.

El Plan Sexenal

Como programa que el candidato habría de sostener, la convención del PNR, en Querétaro, elaboró un plan, que era el "Plan Sexenal", plan de seis años, en el que, a través de varios capítulos, se trazaron las líneas de una política de clara hegemonía gubernamental sobre la vida del país: la actividad económica, la producción, el crédito, la construcción de obras de riego, la regulación oficial de la explotación de los recursos naturales del suelo, todo lo que, en suma, tenía importancia social y económica para el país, de algún modo quedó comprendido en los postulados de este programa, mismo que ha sido considerado como "un paso hacia el socialismo" atribuyéndose dicho paso a la influencia de Lázaro Cárdenas en el seno del PNR. Sin embargo, en dicho plan, no se habla explícitamente de implantar el socialismo en México, e incluso se menciona el respeto a la pequeña propiedad de la tierra o a las empresas particulares de la industria; pero en un párrafo significativo, se deja ver que los políticos promotores de este plan estaban conscientes de que era menester trabajar por una transformación de la sociedad que implicase un cambio en el régimen de la propiedad, cuando asentaron:

"*Las modificaciones introducidas en la producción por el progreso de la técnica, no han sido acompañadas aún por los cambios correlativos en el régimen de la propiedad de los instrumentos de producción y en la distribución de la riqueza. Esto ha determinado un notorio desajuste entre la producción y la distribución de las mercancías, así como entre las normas técnicas rigurosas que rigen el proceso productivo y las variaciones e incertidumbres de las situación mercantil. En estos desajustes son factores prepon-*

derantes, la libertad de iniciativa de los empresarios y la libertad de competencia de los comerciantes. Entre tanto, se logra que se efectúe la transformación del régimen de la propiedad para ajustarse a los nuevos sistemas de la producción; el PNR juzga necesario que el Estado intervenga para adoptar con su acción el orden y la coordinación, indispensables entre fabricantes, comerciantes y consumidores."

Por su parte, Cárdenas, en su discurso de aceptación, aunque indicó que solicitaría la cooperación de "los viejos y acreditados jefes de la Revolución", subrayó que asumiría "toda la responsabilidad oficial del gobierno", de llegar a presidirlo. Ahondó en la tendencia estatista, y proclamó con este motivo que sería meta suya *"atender a la organización agraria, cooperativa y sindical del trabajador, protegiéndolo decididamente en sus intereses y necesidades.* Asimismo, recalcó que *"el desenvolvimiento de la economía nacional se efectuará bajo la dirección del Estado..."* y que bajo ese control se coordinaría el juego de todas las fuerzas económicas, para conseguir orientarlas hacia la más completa solución de las necesidades nacionales. La obras públicas, la higiene, la salubridad y cuantas materias se pensaba acometer, tendrían que tratarse con un criterio consecuente con el citado estatismo.

En este tenor, Cárdenas insistía en que la edu-

Propaganda como candidato del Partido Nacional Revolucionario.

cación del pueblo tendría que mirar hacia *"un mayor interés por la explotación de nuevas fuentes de producción, y por la agricultura y la industria. Sin perjuicio de que el Estado se ocupara de ...realizar en la escuela la unificación de nuestra nacionalidad, por tratarse de un supremo servicio social, y porque al Estado corresponde el controlar y encauzar la educación de la colectividad mexicana"*.

En este programa de gobierno, Cárdenas manifestó también que era menester *"la aplicación estricta de las disposiciones constitucionales y leyes reglamentarias en materia de culto, pues la Revolución no debe permitir en forma alguna que se tergiversen sus conceptos, o que se vilipendien sus instituciones, ni admitir complicidad que mantenga latentes problemas que interesa a nuestra nacionalidad resolver"*.

Con base en las propuestas ideológicas que se expresaron en la campaña política, se perfilaría el modelo de gobierno de Lázaro Cárdenas, mismo que no causó mayor problema en lo que se refiere al proyecto económico, puesto que no modificaba sustancialmente el sistema capitalista de libre empresa y sí, en cambio, presentaba posibilidades de una más amplia distribución del ingreso, lo que apoyaba la necesidad de crear un buen mercado interno, que era bien visto por los empresarios mexicanos y extranjeros. Lo que sí levantó ámpula entre los grupos conservadores, fue la radical postura del candidato respecto a la educación, por lo que eso merece un capítulo aparte.

La educación socialista

En la Convención Nacional Ordinaria del PNR, misma que aprobó la candidatura de Lázaro Cárdenas, se presentaron los lineamientos del modelo educativo que haría de la Revolución un proceso trascendente y no solamente un cambio de estructuras económicas y políticas. Ésta era la carta más importante que jugaría el general Cárdenas en su candidatura, pero también la más peligrosa, porque si bien tenía un sólido fundamento filosófico, volvía a abrir heridas que aún no cicatrizaban y que se habían producido en la Guerra Gristera, además de que alteraba las "conciencias" de una gran parte de la población, que si bien no podía considerarse plenamente conservadora, mantenía como un ritual social la asociación de la educación con los principios, valores y dogmas que por siglos había manejado la Iglesia Católica, y cuya ruptura causaba una gran inquietud.

En la reunión a la que aludimos, se establecieron las pautas de la educación revolucionaria, comenzando con lo siguiente:

"La libertad de enseñanza, debe entenderse como la facultad concedida a toda persona para impartir educación, siempre que reúna los requisitos que la ley señala."

Más adelante se establece:

"La escuela primaria, además de excluir toda enseñanza religiosa, proporcionará respuesta verdadera, científica y racional, a todas y cada una de las cuestiones que deban ser resueltas en el espíritu de los educandos, para formarles un concepto exacto y positivo del mundo que los rodea y de la sociedad en que viven, ya que de otra suerte la escuela no cumpliría su misión social."

A manera de corolario, se establece lo siguiente:

"Consiguientemente, el PNR propugnará por (sic) que se lleve a cabo la reforma del artículo tercero de la Constitución Política Federal, a fin de que se establezca en términos precisos el principio de que la educación primaria y la secundaria de impartirán directamente por el Estado y bajo su inmediato control y dirección, y de que, en todo caso, la educación en estos dos grados deberá basarse en las orientaciones y postulados de la doctrina socialista que la Revolución Mexicana sustenta."

Por supuesto, la palabra "socialismo", asociada a la Revolución, y sobre todo a la educación, causó un gran revuelo en los círculos políticos una cierta inquietud en las masas y un verdadero pánico en las elites financieras y religiosas; pero la carta ya se había jugado y la partida estaba bien planeada, de modo que las cosas siguieron adelante con naturalidad y sin mayores incidentes. El general Calles dio su aval para la candidatura el 20 de julio de 1934, en un discurso pronunciado en la capital de Jalisco, por lo que se le dio en llamar, de una manera chusca, pero altamente significativa, "El grito de Guadalajara". En aquella ocasión, Calles dijo:

"Emocionado y con profundo cariño, porque en ello veo un homenaje del pueblo revolucionario de Jalisco a la Revolución Mexicana, me siento orgulloso profundamente, porque observo que los grandes lineamientos que la Revolución ha venido trazando, van llevándola a su realización. Indiscutiblemente que la vida institucional de México va siendo una realidad, y tenemos hechos altamente halagadores. El actual gobierno de la República es obra de esa vida institucional. El actual gobierno de la República, que preside el general Rodríguez, es un gobierno honesto, es un gobierno de tendencias radicales, amigo de los campesinos y de los trabajadores; ha sido el gobierno que ha buscado una justicia social para los hombres. Las pasadas elecciones, en que el PNR triunfó en toda la línea, llevando a la Primera Magistratura de la nación al General Lázaro Cárdenas, son una demostración palpable de que la vida institucional se va realizando.

La Revolución, apretando sus filas, se ha impuesto y ha llevado y llevará a que rija los destinos del país, a un hombre honorable, a un hombre recto y revolucionario. Y el gobierno del general Cárdenas será una digna sucesión del Gobierno del general Rodríguez."

Esta primera parte del discurso fue solamente un acto ritual, necesario en términos formales, y para manifestar el apoyo del que todavía se consideraba el caudillo. Pero el verdadero impacto político se da en la segunda parte, que es la que justifica aquello del "grito", entendido, como la expresión clara y abierta de lo que se había mantenido en un prudente silencio por parte de los jerarcas del gobierno:

"*La Revolución* —añadió Calles— *no ha terminado. Los eternos enemigos la asechan y tratan de hacer nugatorios sus triunfos. Es necesario que entremos al nuevo periodo de la Revolución, que yo llamaría 'el periodo revolucionario psicológico'; debemos entrar y apoderarnos de las conciencias de la niñez, de las conciencias de la juventud, porque son y deben pertenecer a la Revolución.*

Es absolutamente necesario sacar al enemigo de esa trinchera donde está la clerecía, donde están los conservadores; me refiero a la educación, me refiero a la escuela.

Sería una torpeza muy grave, sería delictuoso para los hombres de la Revolución, que no arrancáramos a la juventud de las garras de los conservadores, y desgraciadamente la escuela, en muchos estados de la República, y en la misma capital, está dirigida por elementos clericales y reaccionarios.

No podemos entregar el porvenir de la patria y el porvenir de la Revolución a las manos enemigas. Con toda maña los reaccionarios dicen que el niño pertenece al hogar y el joven a la familia; ésta es una doctrina egoísta, porque el niño y el joven pertenecen a la comunidad, pertenecen a la colectividad, y es la Revolución la que tiene el deber imprescindible de apoderarse de las conciencias, de desterrar los prejuicios y de formar la nueva alma nacional.

Por eso yo exhorto a todos los gobiernos de la Revolución, a todas las autoridades y a todos los elementos revolucionarios, a que vayamos al terreno que sea necesario ir, porque la niñez y la juventud deben pertenecer a la Revolución."

Como se verá, éste fue un "grito" en verdad estridente, radical y desafortunado. Se dice que las ideas de Cárdenas y la propuesta del Congreso del PNR fueron inspiradas por ese radicalismo de Calles, pero en este discurso, la expresión de Calles se parece más a la de un monje recalcitrante que a la de un auténtico Papa; sin embargo, dio pie para que el candidato a la presidencia siguiera en el mismo tenor. En su discurso del 21 de junio de 1934, en Gómez Palacio, Durango, Cárdenas dijo:

"No permitiré que el clero intervenga en forma alguna en la educación popular, la cual facultad es exclusiva del Estado... La Revolución no puede tolerar que el clero siga aprovechando a la niñez y a la juventud como instrumentos de división de la familia mexicana, como elementos retardatarios para el progreso del país".

Días más tarde, en un manifiesto fechado en Durango, añadió: *"... y consecuente con el criterio revolucionario de que corresponde al Estado la orientación educativa del país, no se permitirá que ninguna agrupación religiosa continúe proyectando su influencia sobre la educación nacional..."*

Tomando el asunto como una candente prioridad, el llamado Bloque Nacional Revolucionario de la Cámara de Diputados, a solicitud del PNR, designó una Comisión para que estudiara la iniciativa de educación propuesta como modelo por el candidato a la presidencia, y esta Comisión elaboró un proyecto más concreto, mismo que fue aprobado por el PNR, y más tarde fue enviado a la Cámara de Diputados para su estudio y eventual aprobación.

La discusión en el seno de la Cámara fue un proceso arduo y tomó tintes de violencia verbal y posiciones extremas, aunque se trató de reinterpretar los conceptos expresados por Calles y el propio Cárdenas, de manera que se pudieran ajustar a una postura filosófica de izquierda, pero reduciendo su agresividad. En una de las sesiones, se llegó a la siguiente postura:

"Queremos hacer hincapié en la verdad que nadie niega de que la teoría filosófica del socialismo es de carácter fundamentalmente de universalidad... Para nosotros, no interesa que la doctrina del socialismo científico sea considerada como exótica... No hay que perder de vista que el Estado mexicano entra valientemente en una etapa de revalorización de todos los factores económicos, que tienden, dentro de la lucha de clases, a un estado jurídico y político social diferente al que actualmente priva en nuestra nación... Nos proponemos educar a las nuevas generaciones para prepararlas y capacitarlas para la hora histórica en que es indispensable el cambio de régimen tipo burgués de nuestra patria."

Finalmente acabó por aprobarse un texto que pretendía hacer eco a las propuestas de Calles y Cárdenas respecto del modelo de educación socialista, pero con un lenguaje impreciso y generalizador, como el texto arriba insertado, lo que daba pie a la interpretación que mejor acomodara a cualquier circunstancia que se presentara en el futuro, terminándose por aprobar un proyecto de reforma al artículo 3o. constitucional, en el que simplemente se alude al carácter "científico y racional" de la educación y a la separación entre la Iglesia y el Estado en materia educativa.

El acceso al poder

Seguramente el tema de la educación fue el más conflictivo, pero no era sino uno de los elementos que constituían el Plan Sexenal. Todos esos temas fueron tratados ampliamente durante la campaña; si alguien ha sido claro en su proyecto político, fue Cárdenas. Ningún votante hubiera podido sentirse falto de información o engañado en lo que respecta a la ideología del candidato. Toda la maquinaria política rodó por estas vías, y todo el aparato gubernamental se puso al servicio de la campaña, con objeto de aplastar cualquier oposición.

Sin embargo, oposición la hubo, y ciertamente no fue tibia, aunque sí dentro de los márgenes de la contienda política. La principal oposición se concentró en los llamados "grupos independientes".

"*Dos fueron los grupos principales* —dice Cabrera— *que llegaron a dar señales de vida como partidos políticos en ciernes dispuestos a la lucha: el 'Partido Nacional Antireeleccionista' y la 'Confederación Revolucionaria de Partidos Independientes'*".

Y agregó:

"La Confederación Revolucionaria de Partidos Independientes (CRPI), estaba formada por un gran número de nombres de clubes, unos efectivos y muchos virtuales, pero que tenían la cohesión que les prestaban los tres jefes que la encabezaban; el profesor Aurelio Manrique, el Lic. Antonio Díaz Soto y Gama, y el general Antonio Villarreal.

El trío formado por Manrique, Soto y Gama y Villarreal, era típico representativo del obregonismo anticallista, es decir, era una fracción del antiguo obregonismo, como el delahuertismo en 1923 y como Gómez Serrano en 1927.

La CRPI se inclinaba naturalmente por la candidatura del general Villarreal, y casi puede decirse, que de hecho, se había organizado para sostener esa candidatura. Su órgano de expresión era el "Nuevo Régimen", redactado por Filomeno Mata Jr.

Por otra parte, los grupos antirreeleccionistas, reconocían como núcleo al antiguo Partido Nacional Antirreeleccionista, que durante varios años había permanecido en estado de crisálida, y cuya existencia era más teórica que práctica. Éstos no participaban de las simpatías hacia el general Antonio Villarreal, sino que, como los personajes de Pirandello, se echaron en busca de autor y comenzaron por fijarse en el licenciado Luis Cabrera.

Había otros grupos de menor importancia, entre los que merecen mencionarse, el Partido Social Democrático, que hizo surgir la candidatura del licenciado Gilberto Valenzuela, a la sazón desterrado en los Estados Unidos por sus andanzas escobaristas en 1929; el Partido Socialista de las Izquierdas, formado ad hoc para sostener la candidatura del ingeniero Adalberto Tejeda, quien se presentaba como candidato independiente para el sólo efecto de ayudar al general Calles a cubrir las apariencias de una elección absolutamente libre. Había otro pequeño grupo de tendencias francamente agraristas que más tarde hizo surgir la candidatura del licenciado Román Badillo, y algún otro que representaba la del licenciado Enrique Colunga."

Era patente que entre los grupos de oposición había una gran debilidad en ese momento, y que esa debilidad esencial de sus filas era una ventaja notoria para quien ya era el "candidato oficial" que contaba con las consignas que llegaban desde lo alto. Manejar a las masas, organizar mítines de adhesión, contar con las fuerzas armadas, eran todos factores que concurrirían a la desvirtuación del proceso democrático que no sólo no iba a desenvolverse de manera limpia, sino que estaba en la disposición de acabar con toda oposición potencial, permitiendo solamente aquella que diera al proceso los visos de "respetabilidad" que se necesitaba para dar una buena imagen tanto en el interior como en el extranjero, principalmente ante el gobierno de los Estados Unidos, que jugaba el papel de "adalid de la democracia".

La enorme fuerza de la maquinaria echada a andar restó estímulo a los verdaderos opositores, como el licenciado Luis Cabrera, quien no aceptó el ser postulado en una campaña que sólo serviría, según sus propias palabras, para "legalizar la imposición del nuevo lugarteniente de Calles". Finalmente no quedaron sino tres hombres en la oposición: el general Antonio I. Villarreal, por la Confederación Revolucionaria de Partidos Independientes; Adalberto Tejeda y Hernán Laborde, postulado este último por la tendencia de izquierda más radical, el "Bloque Obrero y Campesino".

Por su lado, los vanconcelistas, dolidos por la derrota de 1929, y persuadidos de la ineficacia del sufragio ante un sistema dictatorial como el que entonces privaba, optaron por abstenerse y proclamaron una "huelga de votos".

Entre tanto, Cárdenas se dedicaba a viajar por todo el país para difundir sus propuestas de campaña; a lo largo de siete meses viajó un total de 27,609 kilómetros: 11,825 por vía aérea; 7,294 por ferrocarril; 7,280 en automóvil; 735 por barco o lancha, y 475 a caballo.

Nunca antes la gente de todas partes del país había tenido un contacto tan estrecho y cálido con un hombre de la alta política como en esta campaña. Este extraordinario trabajo político tenía la finalidad expresa de *"estar cerca del pueblo y conocer las necesidades del país"*; pero también fue una estrategia de solidificación de la propia imagen de Cárdenas, quien no solamente escuchó las necesidades de la gente, sino que dedicó una especial atención a la realización de convenciones y a la creación de grupos corporativos, principalmente de obreros y campesinos que, en aquellas circunstancias, ya no eran callistas, sino cardenistas.

El tono político de la campaña de Cárdenas es comentado por Towsend de la siguiente manera:

"Cárdenas deseaba organizar un gobierno que no fuera militarista, aunque descansase en el ejército, no de políticos, aunque

sabía manejarlos con éxito; no precisamente socialista; aunque caminaba de acuerdo con el socialismo. Se trataba de un gobierno de y para los campesinos y los obreros, tanto como esto fuera posible y en forma sin precedente."

En aquella campaña, Cárdenas no se cuidó en tocar puntos sensibles de las estructuras de poder tanto ideológicas como económicas. Exaltó la educación socialista; expresó la intención de entregar a los obreros, con supervisión y ayuda económica del gobierno, las fábricas improductivas paradas; atacó la concentración de la propiedad minera en manos de extranjeros, y en uno de sus discursos dijo:

"No se seguirá confiando al capitalismo extranjero mediante la ampliación de concesiones, la explotación del subsuelo."

Una afirmación tan categórica, seguramente causó resquemores, por lo que más tarde procuró suavizar su actitud, aunque en un tono de firmeza que seguía siendo inquietante, y que en los Estados Unidos se interpretaba como extremista:

"Es oportuno declarar que, el sentido nacionalista de nuestra política económica, no representa una actitud de puerta cerrada o de hostilidad al espíritu organizador de los nacionales y extranjeros que pretendan asociar sus esfuerzos en nuestro engrandecimiento y usufructuando nuestras existencias naturales, pero siempre que se ajusten a les leyes de la Revolución, que respeten nuestro gobierno y que al acogerse a la protección que la patria les ofrece, finquen su hogar y gocen de sus bienes, corriendo la misma suerte que los hijos de México."

Calles seguía apoyando la campaña de Cárdenas y se mostraba afín a sus ideas; pero en la percepción de muchos de sus allegados, había muchas cosas que sonaban mal en la campaña; eran leves matices, sutiles reinterpretaciones de un mismo pensamiento; una propuesta revolucionaria y progobiernista en esencia, pero con ciertas particularidades que, por lo menos, causaban desconcierto entre los fieles seguidores del caudillo, y muchos comenzaron a externar sus inquietudes, sobre todo en el sentido de que el radicalismo de Cárdenas pudiera lesionar el consenso forzado que había logrado el callismo. Además, de que en muchas actitudes, Cárdenas daba la impresión de estar dispuesto a la rebeldía.

Ante estos señalamientos, cuenta Correa, en su libro *Balance del cardenismo* que el Jefe Máximo respondió:

"Este muchacho no puede ser extremista, lo conozco mucho; me debe cuanto es, yo le he hecho, lo he formado y le tengo tal cariño, que al verlo experimento la misma emoción que cuando veo a mi hijo Rodolfo. Seguro estoy de que oirá mis consejos; existe entre nosotros comprensión absoluta y no puede serme desleal. Dentro de unos días será presidente, vendrá luego a verme y juntos iremos a México."

Correa comenta lo siguiente:

"Quizás a los oídos del entonces aclamado Jefe Máximo, hayan llegado por otros conductos advertencias análogas a las que antes aludo, la que me fue revelada pocos días después de tenida la entrevista, sin estar autorizado para dar el nombre del que tuvo la plática en la finca de las playas sinaloenses, pues los cardenistas no hacían misterio de sus propósitos para acabar con el callismo, y entre ellos figuraban varios de los que hacían excursiones, lo mismo a Santa Bárbara que a Soledad de Mota, al Tambor que al Sauzal, y a las Palmas que a Anzures."

Presidente electo

Por fin, el primero de julio de 1934, se efectuaron las elecciones y, como era de esperarse, el triunfador indiscutible fue Lázaro Cárdenas. Sobre esto escribió Taracena en un diario capitalino:

"Proclama el PNR, que las elecciones efectuadas hoy en todo el país para elegir Presidente de la República, el triunfo del general Lázaro Cárdenas fue arrollador y sin precedente por lo copioso de la votación, que alcanzó más de un millón de sufragios para el candidato del partido. En el Distrito Federal sólo hubo incidentes en Tacubaya. En Monterrey hubo tiros y dos lesionados. Todas las jefaturas militares rindieron partes sin novedad. Los villarrealistas y los comunistas se quejan de diversas irregularidades, tal vez porque junto al millón de votos depositados en favor del general Cárdenas, el PNR señala mil y pico para el general Antonio Villarreal, y cosa de setecientos para Tejeda, igual que para Hernán Laborde. Pero la sección del Excélsior de nuestro Partido Regenerador Nacional (vasconcelista) opina que las elecciones fueron un fracaso y que triunfó nuestra tesis de la huelga de voto, por lo que debe felicitarse al autor de esta idea."

Por supuesto, ese mismo día también votó Lázaro Cárdenas, y su voto, caballeroso, fue en favor de Tomás Garrido Canabal, a quien el mismo Cárdenas, acompañado por Calles, había visitado poco antes, declarando en aquella ocasión que el gobernador de Tabasco había creado en su estado "un pequeño paraíso socialista". El entusiasmo de Cárdenas por la gestión de Garrido Canabal, se expresa en un artículo que escribió durante su campaña:

"La Revolución Mexicana tiene en Tabasco una profunda interpretación social que debemos estimular con valor y sinceridad,

toda vez que la acción que desarrolla un propósito noble, hará de sus ciudadanos un pueblo culto y próspero en su economía."

Finalmente, el 12 de septiembre, la Cámara de Diputados declaró oficialmente victorioso al candidato del PNR en las elecciones de julio, asignándole 2'268,000 votos; al general Villarreal le reconoció 24,690 votos; a Tejeda 15,765, y a Laborde 1,188. Con estos resultados, el 25 de noviembre se declaró Presidente de la República al general Lázaro Cárdenas.

Transcurrieron cinco meses desde la fecha de las elecciones hasta la toma de posesión, y durante ellos, entre otras cosas, fue indispensable la estructuración del gabinete que compartiría responsabilidades con el nuevo Jefe de Estado. Como era de esperarse, Cárdenas tuvo que seguir la práctica establecida, y fue a reunirse con Calles a una finca suya en Navolato, Sinaloa.

"A la llegada del general Cárdenas —dice Towsend—, *Calles estaba jugando al póquer con dos generales, los cuales, como hacen los cortesanos con los reyes, se las arreglaban para perder dinero a fin de ganar favor. El ayudante de Calles supuso que la llegada del Presidente Electo era lo suficientemente importante como para interrumpir la partida de póquer; pero al pasar el recado, don Plutarco se limitó a contestar:*

– Entreténgalo mientras acabo.

Esa falta de respeto le hizo ver claramente al Presidente Electo que Calles le adjudicaba una categoría de subalterno ante el Jefe Máximo.

El joven "maniquí" aguantó 10 meses. Poco después, en el juego político, a Cárdenas le llegó un "joker" que terminó con Calles para siempre como árbitro de los asuntos del Estado."

Aquel recibimiento no tenía por qué sorprender a Cárdenas, pues a él le constaba, como político, y especialmente como dirigente del PNL, cuál era la conducta de Calles con los miembros de lo que él consideraba su coto político. Además de que tenía que reconocer que tanto su candidatura como su triunfo de debían al caudillo, quien no tenía la menor intención de dejar de serlo.

Sin embargo, en esa visita, Calles se mostró excesivamente confiado:

"... se excusó de sugerirle nombres, diciéndole que obrara con absoluta independencia; que si él tenía toda la responsabilidad del cargo, debería tener igualmente completa libertad para designar a sus colaboradores y que sólo procurara entre los de mayor confianza a los más aptos, más honestos y más patriotas.

Por supuesto, que contadísimos han de haber sido los que hayan creído y crean aún, que el ministerio no se formó bajo la batuta del maestro. Sin embargo, a varias personas escuché, entre ellas, a quien me contó la entrevista que antes he mencionado, que fue en la ceremonia de la transmisión del poder, en el estadio, cuando el general Calles se enteró de la formación del gabinete, habiendo mostrado sorpresa al ver que en él figuraban el licenciado Ignacio García Téllez y don Juan D. Bojórquez.

La toma de posesión

Para la ceremonia de la toma de posesión, el 30 de noviembre de 1934, Cárdenas se presentó vestido con un traje de calle; queriendo romper así con la tradición que obligaba al uso del traje de etiqueta y al sombrero alto, y concurrió como un ciudadano cualquiera, con un traje de casimir oscuro y corbata larga.

Miles de personas —30,000, concretamente, con predominio de obreros y campesinos— fueron congregadas previamente en el Estadio Nacional, convertido provisionalmente en recinto parlamentario..., y el Presidente Electo tomó asiento en el sitio que se le había reservado, junto al Presidente Abelardo L. Rodríguez —vestido de "*Jacket*"—, y junto al presidente del Congreso, diputado Enrique González Flores.

Del Castillo de Chapultepec, que en aquellos tiempos era residencia presidencial, salieron juntos los dos presidentes —saliente y entrante—, que en automóvil llegaron al estadio, y habiéndose verificado el "quórum" de ambas Cámaras, se procedió en seguida a la ceremonia de transmisión del poder. Todo mundo se puso de pie, menos el presidente del Congreso, y el general Lázaro Cárdenas, ante los micrófonos, pronunció las palabras que la Constitución exige en el caso. Rodríguez le entregó después la banda tricolor y lo abrazó en medio de grandes aplausos.

Declaración de principios

Cárdenas pronunció entonces un discurso que fue como el trazo primero de lo que sería su actitud como Presidente, y las directrices que habría de aplicar:

"La Revolución Mexicana —dijo—, *ha seguido desde su origen y a través de su historia, un anhelo de justicia social, y dentro de ese anhelo, ha tratado de vencer las múltiples resistencias de carácter económico, político y moral que toda Revolución encuentra. Pero esta consideración no debe ocultarnos la realidad permanente en que se desenvuelve la vida de la República y en la que perduran todavía muchos aspectos de explotación, a pesar de los esfuerzos que el gobierno revolucionario ha venido haciendo hasta hoy.*

Tengo presentes de una manera indeleble, las impresiones que durante mi campaña electoral pude recoger: profundas desigualdades e inicuas injusticias a que están sometidas grandes masas de trabajadores, y muy particularmente, los núcleos indígenas, que deben constituir para todos nosotros una honda preocupación.

Nada puede justificar con más elocuencia, la larga lucha de sacrificios de la Revolución Mexicana, como la existencia de regiones enteras en las que los hombres de México viven ajenos a toda civilización material y espiritual, hundidos en la ignorancia y la pobreza más absolutas, sometidos a una alimentación y a una indumentaria y alojamiento inferiores e impropios de un país que, como el nuestro, tiene recursos materiales suficientes para asegurar una civilización más justa.

La gira que hice por toda la República, me ha permitido conocer y estudiar todos esos distintos problemas que la Revolución Mexicana tiene enfrente y a los que atenderá con preferencia para lograr que se implante en los campos y en las ciudades, un tipo de vida económica superior, y formas morales y educativas de acuerdo con las aspiraciones que tiene el proletariado y que ya están contenidas en el Plan Sexenal, que servirá como norma de mi gobierno."

Anunció que se emprendería un programa amplio de obras públicas a fin de crear nuevas oportunidades de trabajo; más adelante se refirió al acuciante problema de la desocupación y los bajos salarios:

"Para ayudar a resolver este serio problema, tenemos el reciente programa que aparece en la plataforma del movimiento revolucionario, fomentar y organizar la explotación de nuestros recursos, bajo las normas y sistemas de socialización indicados claramente en el Plan Sexenal. Las grandes riquezas inexplotadas en el país nos esperan. Si el trabajo y el entusiasmo de nuestro pueblo se apresta a explotarlas directamente en colaboración con el gobierno, creando empresas constituidas por organizaciones de trabajadores, vendrá como consecuencia una poderosa economía nacional y la positiva revolución económica y social en México."

"Es fundamental ver el problema económico en su integridad, y advertir las conexiones que ligan cada una de sus partes con las demás..." y añadió, manifestándose como partidario de un fuerte estatismo: *"Sólo el Estado tiene un interés general y, por eso, sólo él tiene una visión de conjunto. La intervención del Estado ha de ser cada vez mayor, cada vez más frecuente y cada vez más a fondo."*

En seguida, prometió que su gobierno daría un amplio apoyo a la Reforma Agraria: tanto dotación directa de tierras, como entrega de otras a quienes hubiesen recibido suelos estériles; e instó a un máximo esfuerzo a favor de la agricultura, la minería y la industria. Pidió también la sindicalización de los elementos dispersos que se hallaban en situaciones de cabal desorganización, demandando que con todos, tanto los ya organizados como los nuevos, se forjase una sola y gran central obrera.

"Las clases laborales se debaten en una lucha doble: la que llevan a cabo en defensa de sus intereses como clase, y la que desarrollan intergremialmente al debatirse al calor de las pasiones y egoísmos, con lo que sólo se ha logrado debilitar sus filas y retardar el logro de sus aspiraciones... Para remediar esto, es que he venido propugnando y llamando a los trabajadores a la formación del frente único..."

Como elogio al PNR, expresó:

"El Partido Nacional Revolucionario fue creado como estatuto político de la Revolución para organizar y respetar el voto de las masas, voto que, orientado en el sentido de sus necesidades, represente una doctrina nacional para la evolución cultural y económica del pueblo.

La educación socialista presupone un fuerte y decidido apoyo por parte de los maestros revolucionarios, sin cuya colaboración sería imposible realizar el programa que, conectándose con las formas económicas en que se está desarrollando nuestra Revolución, pretende armonizar las fuerzas de trabajo de hoy con la conciencia que va a sustentar la acción de los hombres del mañana."

Después elogió a los trabajadores al servicio del Estado, prometiendo escuelas para sus hijos, y casi para finalizar asentó:

"El pueblo debe sentir la responsabilidad de mi exaltación al puesto más elevado del país, como una demostración irrecusable de que la vida institucional que constituye uno de los principios vitales de nuestra Revolución va realizándose. Y esto me obliga a declarar con firmeza, que la Constitución y las leyes de la República serán la norma infranqueable en el cumplimiento de mi deber. La Revolución ha ido convirtiendo en normas jurídicas y morales sus postulados y sus tendencias, dignificándose así como gobierno de instituciones."

Luego de la toma de protesta, el nuevo Presidente de la República se dirigió a su casa en la colonia Guadalupe Inn, comió con su familia y por la tarde salió a visitar unos amigos. Desde ese momento, dijo que no ocuparía el Castillo de Chapultepec, sin precisar cuál sería su residencia oficial.

El embajador de los Estados Unidos estuvo presente en la ceremonia, guardando recuerdo de ella, y sobre todo de una frase que le resultó muy significativa: *"He sido electo presidente, y habré de ser el presidente."*

El embajador Daniels dice en sus memorias:

"¿Sirvió esa frase como notificación para Calles de que había llegado el fin de su poder supremo? Yo así lo interpreté, pero mis subordinados alegaban: 'Todos hablan igual, pero todos se someten y reciben órdenes desde la casa del poder en Cuernavaca.'"

El tiempo demostró que el embajador había interpretado bien aquella frase, en apariencia vaga o trivial.

Un gobierno de cambio

Algunas de las primeras iniciativas del Presidente Cárdenas, causaron una buena impresión en la gente; en este campo puede citarse, concretamente, el que Cárdenas haya acabado con 40% de las asignaciones propias que correspondían a sus gastos de representación personal, y puesto fin a las erogaciones destinadas a sostener la servidumbre y los gastos en el alcázar de Chapultepec. En este mismo orden de cosas, se tomó la decisión de cerrar algunos casinos y centros de juego en los que tenían intereses algunos políticos, como era el Casino de la Selva y el Foerign Club, siguiendo la propuesta del diputado Luis Mora Tovar, de expropiar los edificios que ocupaban los casinos para convertirlos en escuelas, lo que en realidad no se hizo; pero sí la clausura de dichos centros, a la que se dio una gran publicidad para captar la atención y buena disposición de la opinión pública, lo que representaba una estrategia en verdad novedosa en México.

En contraste con estas medidas, de fuerte impacto psicológico, se fue presentando una fuerte inquietud política, sobre todo en los grupos religiosos que veían en Cárdenas un nuevo represor, por lo que pugnaban por una mayor apertura democrática; pero en estas circunstancias, Cárdenas se permitió expresar que él no pretendía una democracia totalmente abierta, sino un régimen en el que sólo las fuerzas gubernamentales pudieran actuar decisivamente en lo social, en lo político y en lo educativo, en el marco de los criterios revolucionarios que se habían determinado en su propia campaña y que habían sido reiterados ampliamente por el voto popular.

Lo anterior quedó claramente manifiesto, en el primer mensaje que el general Cárdenas dirigió al país el día 1o. de enero de 1935, en el cual, al referirse a la Secretaría de Gobernación, indicó:

"De acuerdo con nuestro sistema federal, será también esta Secretaría la encargada de las relaciones entre el Ejecutivo Federal y los gobiernos de los estados... Tanto a este respecto, como por lo que toca a la intervención de la Secretaría en materia electoral, resulta oportuno proclamar, en forma concreta, terminante y clara, que el gobierno actual de México emana del Partido Revolucionario de la República, que tendrá presente en todo tiempo su extracción revolucionaria, y que conceptúa evidente que sólo elementos identificados en lo absoluto con nuestras tendencias políticas y sociales pueden realizar labores de mejoramiento colectivo."

En ese mismo apartado, Cárdenas agregó que la Secretaría de Gobernación prestaría *"atención a la estricta observancia de la legislación orgánica en materia de cultos religiosos y disciplina interna"*.

En el campo de la política internacional, expresó que se procuraría la mayor cordialidad con el extranjero, pero también se procedería con firmeza en la defensa de la nacionalidad; aunque se reconoce en su discurso, la conciencia de que la política de orientación socialista, y sobre todo la exclusión del catolicismo en todas las áreas de formación ideológica, causaría un gran rechazo a nivel internacional:

"Se atenderá a que el personal (diplomático), *además de las condiciones de capacidad intelectual y moral, reúna la de estar plenamente identificado con el movimiento revolucionario de México, pues de lo contrario, su actuación, o será simplemente formal, u opuesta a la función que debe llenar el diplomático mexicano, de dar a conocer en el extranjero lo que es en verdad el país sus problemas vitales, y la justificación de su gobierno al reprimirla, acción de instituciones que a través de la historia han sido un obstáculo para el desenvolvimiento material y moral de la nación.*

Siendo el tema de mayor relevancia en el proyecto de nación que Cárdenas había configurado desde su campaña, dio un especial énfasis a la política educativa:

"Entre todas las dependencias del Ejecutivo Federal —dijo—, *es seguramente la Secretaría de Educación Pública la que tiene asignada una misión de importancia trascendental, llamada a dar en el futuro frutos de positivo provecho para el país... Educar la conciencia de la niñez y de la juventud, inculcar en sus cerebros la interpretación racional del universo; hacer entender que el control de los factores económicos de la vida implica control de la vida misma, de donde se desprende la necesidad imperiosa de erigir una organización social que incluya entre sus actividades el régimen de ciertos instrumentos económicos, como el capital agrícola y el industrial, que no pueden ser equitativamente utilizados cuando se encuentran exclusivamente en manos de particulares.*

...Es necesario encausar la actividad de las generaciones futuras, conforme a normas que les permitan desligarse de los yugos tradicionales que impedirían el desarrollo integral; difundir la convicción de que las prácticas socialistas, en su aspecto moral, representan el medio para lograr la verdadera libertad individual, y, en su aspecto económico, implican un sistema que pondrá fin a la explotación, mediante las limitaciones adecuadas a la apropiación de la propiedad privada."

Agregó que era preciso *"vencer las resistencias que aún se oponían a la renovación de sistemas incompatibles con la realidad actual del país, y lograr condiciones humanas de vida para quienes todavía viven al margen de la civilización en diversas regiones de la República"*.

Partidario de la distribución de las tierras acaparadas y de la colectivización del campo, señaló que: *"La agricultura ha sido y deberá ser en el futuro, la más segura y constante fuente de riqueza para la gran masa de la población. El gobierno considera que el problema de la distribución de la tierra es una conquista definitiva del proletariado campesino, contra la cual no hay nin-*

gún recurso defensivo de carácter legal, ni más limitación que la integral y organizada dotación de la misma."

Como para complementar lo dicho en el primer mensaje, al nuevo Secretario de Gobernación, Bojórquez, dio cauce, al día siguiente, a lo que sería la obligatoriedad de la ideología oficial para los funcionarios públicos:

"Con objeto de que la propaganda y todas las demás actividades de carácter social que llevan a cabo diversos grupos integrados por personal del Gobierno Federal o por elementos que sustentan la ideología postulada por el Régimen Revolucionario obedezcan a una dirección de conjunto, y considerando, además, la circunstancia de que todos los servidores del Estado son miembros del Partido Nacional Revolucionario, dispone el C. Presidente de la República, que sea el Comité Ejecutivo Nacional del PNR, y sus organismos calificados, los que encaucen y coordinen los trabajos de difusión y propaganda de los principios revolucionarios que están obligados a sustentar todos los componentes del gobierno."

Con todo esto, se configuraba de una manera precisa, el carácter estatizante y populista de Cárdenas, con un modelo que, si bien se decía simplemente socialista, tenía características corporativistas, a la manera del fascismo italiano o el socialismo nacionalista alemán, vigentes ambos en esos tiempos, e indudablemente exitosos en cuanto a la distribución de la riqueza y la activación de los mercados internos.

Camisas Rojas en la ciudad de México

Tal vez uno de los actos más arriesgados de Cárdenas, fue el incluir en su gabinete, como Secretario de Agricultura, al ultraizquierdista gobernador de Tabasco, Tomás Garrido Canabal, quien, paradójicamente, era un fanático que se había impuesto la tarea de "desfanatizar" al pueblo.

Ya en el gabinete del poder máximo de la República, Garrido Canabal podía ampliar su campo de acción enormemente, y no perdió la oportunidad, siendo una de sus primeras disposiciones, el obligar a todos los empleados de la Secretaría a su cargo a toda clase de actos antirreligiosos, como eran los famosos "sábados rojos". Asimismo, Canabal creó una "Asociación de Jóvenes Revolucionarios", a los que dotó de un edificio en la esquina de las calles de Tacuba y Aquiles Serdán. Esos jóvenes seguirían lo ya iniciado por Canabal en Tabasco, y se identificaban por vestir camisas rojas y pantalón negro. Aquella organización paramilitar de jóvenes fanáticos funcionaba ya en Tabasco al amparo del gobierno estatal, por lo que esta nueva experiencia era sólo una proyección de aquélla, pero ahora parecían contar con la protección, o al menos la tolerancia del Gobierno Federal.

Su primer acto público en la ciudad de México, tuvo lugar antes de la toma de posesión de Cárdenas, mediante un desfile ocurrido el 28 de noviembre de 1934, en el que seiscientos jóvenes, portando la famosa camisa roja, marcharon en perfecto orden al son de su propia banda militar, entonando "la internacional" y el himno nacional. El propio Garrido Canabal presidió esa marcha. Al día siguiente, todo el contingente se trasladó a Cuernavaca, y se realizó un desfile similar, pasando delante de la quinta "Las Palmas", propiedad de Calles, donde el propio Jefe Máximo y el ex gobernador de Tabasco saludaron el paso del contingente. Después de la marcha hubo un mitin, en el que los oradores llamaron a Calles "maestro de la juventud", a lo que él contestó diciendo, que la juventud de Tabasco era "un ejemplo para toda la República", añadiendo: "*Con una juventud como ésta, ya puedo morir tranquilo, llevando la convicción íntima de que la Revolución está salvada.*" Al terminar el mitin, los ánimos estaban tan caldeados, que se decidió marchar hacia la entrada de la ciudad, donde se encontraba una gran estatua de la Virgen de Guadalupe y derribarla; como de inmediato se corrió la voz por la ciudad, la gente se organizó para defender la estatua. Ante la posibilidad de un enfrentamiento que hubiera llevado a una violencia extrema, los dirigentes de los jóvenes recibieron la orden de calmar los ánimos y llevar sus contingentes a la ciudad de México.

Unos días más tarde, el 2 de diciembre, se realizó una concentración en Coyoacán, en el que los oradores condenaron el fanatismo y el alcoholismo. En aquellos tiempos, el barrio de Coyoacán era un suburbio relativamente aislado del centro de la ciudad, pero ahí existía una de las sedes más importantes y activas de la llamada "Acción Católica", que era una organización de jóvenes recientemente formada en Italia a partir de los acuerdos entre el Vaticano y el jefe del gobierno fascista, Benito Mussolini. Estos jóvenes, de tendencia claramente anticomunista, vestían la "camisa negra" de las "fascies" italianas y formaban también bandas paramilitares, siguiendo la consigna de actuar, violentamente si fuera necesario, en contra de los enemigos de la Iglesia Católica y difundir los principios del modelo fascista, visto como radicalmente opuesto al comunista. Así, pues, la elección de Coyoacán para realizar este mitin, y otros que se sucedieron después, tenía una razón, y era parte de una estrategia entre intimidatoria y provocadora. Por supuesto, las hechos de violencia no tardaron en presentarse.

En uno de sus desfiles "militares", los jóvenes camisas negras atacaron, y se dice que incendiaron una escuela pública, en la que, siguiendo las directrices del gobierno, se había instaurado la "educación socialista". Unos días más tarde, los jóvenes camisas rojas realizaron un acto público en el parque Hidalgo de Coyoacán, delante de la parroquia de San Juan Bautista, donde se encontraba la sede de la Acción Católica. Se habló ahí, como de costumbre, contra el alcoholismo y la religión. La respuesta de los camisas negras no tardó en presentarse, produciéndose un zafarrancho en el que los camisas rojas llevaban las de perder, pues pronto se juntó una multitud de fieles católicos, traídos por el rumor de que los jóvenes comunistas pretendían incendiar la iglesia. Pero los jefes de los camisas rojas iban armados, y al verse rodeados por la multitud, comenzaron a disparar... *retrocediendo hacia el Palacio Municipal mientras balaceaban a la multitud hasta abatir a seis personas, entre ellas, a la señorita Ma. de la Luz Camacho, y herir a muchos* –, dice una nota periodística de la época.

Finalmente, los camisas rojas se acogieron a la protección del delegado de Coyoacán, Homero Magalli, tabasqueño también, quien los puso a salvo e insultó a su vez a los perseguidores. Para su mala suerte, en esos momentos llegó a Coyoacán un joven camisa roja rezagado, de nombre Francisco Malda, y al verlo, la exaltada multitud acometió contra él, matándolo y convirtiendo su cuerpo en una masa informe.

El día siguiente, 31 de enero de 1935, tuvo lugar el sepelio de Francisco Malda. El Presidente Cárdenas envió una corona de flores y en el acto habló el Secretario General de la Confederación Sindicalista Mexicana, José Cruz Ramírez, quien acusó al clero de haber incitado al pueblo contra los camisas rojas, diciendo: "*Este crimen no tiene precedentes en la historia mexicana, no importa que la prensa mercenaria, en su afán de injuriar, se olvide de consignarlo y condenarlo, como ha condenado la muerte accidental* (sic) *de otros fanáticos, ocurridas en el mismo zafarrancho.*"

De inmediato comenzaron a llegar una gran cantidad de mensajes de protesta a las oficinas de Cárdenas, pidiendo el cese de Garrido, y los diarios capitalinos se hicieron eco de la indignación reinante. La reacción inmediata del gobierno fue la consignación de 40 camisas rojas, quienes fueron declarados formalmente presos, además de tres acusados de participar en el linchamiento del joven Malda. En la nota publicada por *El Nacional*, periódico del gobierno, se indicó que los detenidos expresaron que ellos "*no llevaban la menor intención de molestar a nadie en sus prácticas religiosas, pues su único objetivo era impartir cultura y desfanatizar al pueblo por medios de persuasión*".

El día 3 de febrero fueron puestos en libertad 25 camisas rojas, por falta de méritos, y al siguiente día se concedió la libertad caucional a los demás, mediante una fianza de 5,000 pesos cada uno, lo que fue cubierto por Garrido Canabal. A los pocos días tuvo lugar, en el Palacio de Bellas Artes, un "sábado rojo", en el que el estudiante tabasqueño, Carlos A. Madrazo, exaltó a los camisas rojas, cuyos "nobles impulsos" seguirían adelante, aunque "*los fanáticos sigan sembrando la muerte entre ellos*". Dijo también que los editores de los periódicos, cómplices de los hechos, deberían ir al paredón, ya que la "reacción" estaba organizándose "*para llevar a la Presidencia de México al sátiro Pascual Díaz*", que era el arzobispo de México.

La actitud del régimen parecía, a todas luces, favorable a la acción radical de Canabal y sus camisas rojas, por lo que comenzaron a suscitarse actos de protesta en la ciudad. El 8 de enero de 1935, se reunieron varios cientos de estudiantes, unidos a contingentes de ferrocarrileros y tranviarios, en una manifestación que tuvo como punto de reunión la Escuela Nacional Preparatoria, recorriendo las calles del centro de la ciudad para pedir la destitución del Secretario de Agricultura. Con el ánimo violentado, los manifestantes se encaminaron hacia la sede de los camisas rojas y frente a ella comenzaron a lanzar insultos primero y piedras después, a lo que los ocupantes del edificio contestaron con disparos, aunque aparentemente sin ánimo de hacer daño, pues ninguno de los manifestantes resultó herido.

Al día siguiente de aquella manifestación, por primera vez desde el inicio de los hechos, el Presidente Cárdenas emitió una opinión:

"El Ejecutivo a mi cargo ha sabido con pena, que anoche se verificaron nuevamente choques sangrientos entre grupos de ideología distinta, sin razón alguna que los justifique, pues si es la verdad que las diferencias sustanciales en el modo de pensar son las causas más hondas de división de los pueblos, también es verdad que las agresiones personales no significan ni argumentación en favor de la idea que se profesa, ni mucho menos sistemas lógicos de convencimiento para atraer al contrario.

Y como en los sucesos a que me refiero está apareciendo ostensiblemente como elemento de agitación el grupo clerical del país, que unido a fuerzas conservadoras aprovecha los menores intentos de acción ideológica promovidos por grupos revolucionarios, para transformarlos en choques sangrientos y en motivos de escándalo, el Ejecutivo de mi cargo juzga que es necesario poner coto a estas demostraciones nocivas a la salud pública que pueden desorientar muy bien a la opinión pública, y por lo mismo, cree de urgente necesidad hacer del conocimiento público las siguientes disposiciones:

I. El gobierno ha dictado las medidas convenientes para impedir la repetición de sucesos semejantes a los de Coyoacán y la calle de Tacuba.

II. La Secretaría de Gobernación ha declarado y dará instrucciones para que se obre en consecuencia, que sólo el Partido Nacional Revolucionario está facultado para llevar a cabo las ac-

tividades político-sociales que deban dar cima al aplazamiento (sic) de las ideas que sirven de bandera a la Revolución y que tenemos por norma los revolucionarios.

III. El Departamento del Distrito Federal no deberá autorizar manifestaciones públicas que tengan por objeto hacer protestas contra grupos o personas de ideología distinta a los solicitantes, o que persigan el hacer propaganda de ideas subversivas o de carácter confesional, prohibidas por nuestras leyes."

Independientemente de los enfrentamientos entre facciones que podían considerarse inmaduras y de por sí fanáticas, como eran las de los jóvenes encamisados, la actitud de Cárdenas significaba la negación a la libertad de expresión, dando el monopolio de la ideas al partido del gobierno y autorizando la represión de cualquier disidencia. Esto fue, por supuesto, interpretado como la instauración de un régimen dictatorial.

La actitud del régimen se completó cuando en el mismo mes de enero Cárdenas expidió un Decreto... *"conforme al cual las escuelas particulares, o impartían enseñanza socialista o eran clausuradas, dando así más fuerza a la que desde un principio fue una de las formas elegidas para la persecución religiosa"*.

En este ambiente represivo, la situación política se hacía más compleja y peligrosa para el propio régimen. En varias regiones se reinició la acción de grupos rebeldes, creándose una confluencia entre los grupos "regeneradores" (vasconcelistas) y los católicos. La "educación socialista" continuaba generando conflictos en toda la nación y el ambiente de intranquilidad se generalizaba. En Tampico se descubrió un complot para derrocar a Cárdenas, y en Guadalajara se produjeron hechos de sangre, al reprimirse con lujo de violencia una manifestación en contra de la educación socialista.

Al parecer, el Presidente Cárdenas estaba dispuesto a jugarse el todo por el todo, por lo menos en el terreno ideológico.

La génesis de la ruptura

Debajo de la aparente sujeción al Jefe Máximo, había algo que cada vez se iba haciendo más inquietante. Ese algo estaba configurándose con los elementos de poder independiente que iba adquiriendo Cárdenas, que se había convertido en el nuevo caudillo, tanto para un sector importante del pueblo, como para una nueva clase de políticos que iban ganando terreno en la dinámica de la institucionalización de la Revolución.

Poco a poco dos grupos iban perfilando sus posiciones en este nuevo orden, y esas posiciones tenían un fuerte potencial de antagonismo. La vieja guardia callista iba perdiendo terreno ante aquellos políticos que se sentían o se manifestaban afines al tránsito hacia el socialismo que estaba implícito en la propuesta cardenista. Desde luego, las grietas entre estos dos grupos comenzaron a hacerse sentir y la separación llegó a ser preocupante para unos y para otros, de tal manera que el Presidente Cárdenas decidió tomar cartas en el asunto, y con este motivo envió al propio hijo del general Calles, Rodolfo, para que fuera a Sinaloa, a la finca "El Tambor", donde se encontraba su padre, para citarlo a una reunión en la ciudad de México. Aquella actitud era ya el signo de una postura totalmente distinta del Presidente, pues en otros tiempos, hubiera tenido que ser él quien viajara a Sinaloa, e incluso hacer antesala, como había sucedido en la época de su postulación.

Extrañado y seguramente molesto, Calles viajó en avión a México.

"Lo recibieron en el Puerto Central Aéreo, los generales Lázaro Cárdenas, Francisco J. Mújica, Bassols, Canabal, Amaro, etcéte-

ra. El Presidente de la República se adelantó a saludarlo sombrero en mano, en tanto que él permanecía con el suyo puesto. El general Calles lo abrazó efusivamente. La Comisión permanente del Congreso de la Unión giró en seguida un citatorio urgente para que sus miembros fuesen a presentar sus respetos al Jefe de la Revolución."

Una vez realizada la entrevista entre Cárdenas y Calles, la expectativa era mayúscula. Uno de los legisladores, Ezequiel Padilla, se atrevió a preguntar a Calles si lo que se trató en la entrevista podía hacerse público, y Calles contestó, que lo tratado no debía mantenerse en secreto, porque era de interés nacional; de lo reseñado a Padilla y un pequeño grupo de legisladores, se obtuvieron las siguientes declaraciones, publicadas al día siguiente en un diario capitalino:

"Debo hablar a ustedes con la franqueza que acostumbro, lo que ocurre de más inquietante en las Cámaras. Según los informes que he recibido, es que comienza a prosperar esa labor tendenciosa, realizada por gentes que no calculan las consecuencias para provocar divisiones personalistas. Está ocurriendo exactamente lo que ocurrió en el periodo del Presidente Ortiz Rubio: un grupo se decía ortizrrubista y otro callista.... En aquellos tiempos, inmediatamente que supe esos incidentes, traté personalmente y por conducto de mis amigos de conjurarlos, pero pudieron más los elementos perversos que no cejaron en su tarea hasta el desenlace de los acontecimientos que ustedes conocen.

Actualmente, en la Cámara de Diputados se ha hecho esta labor personalista de una manera franca y abierta, y conozco los nombres de quienes la mueven.

Todos los que tratan de dividirnos, hacen una labor pérfida, que no está inspirada en ningún elevado propósito ni en la persecución de un ideal político; sólo buscan el medro personal, la conquista de influencias para sus intereses bastardos, y es un crimen que, movidos por estos motivos no vacilen en atraer para el país las más graves y desastrosas consecuencias... Las divisiones personalistas conducen al desastre. Debieran, pues, las Cámaras suprimir esas categorías injustificadas de callistas y cardenistas, y de cardenistas de primera, de segunda y de última hora... debieran saber los que prohijan y realizan estas maniobras, que no hay nada ni nadie que pueda separarnos al general Cárdenas y a mí. Conozco al general Cárdenas, tenemos 21 años de tratarnos continuamente y nuestra amistad tiene raíces demasiado fuertes para que haya quien pueda quebrantarla.

También ha llegado a mi conocimiento, la formación en las Cámaras de "alas izquierdas", formación que creo un desacierto y un peligro. Siempre hemos actuado dentro de un partido, hemos acudido a sus convenciones, discutido sus programas de acción y de principios, y protestado su cumplimiento; y ahora venimos a la formación de "alas izquierdas"... lo que quiero decir, es que habrá "alas derechas"; seguramente que nadie aceptará quedar atrás, y ahí comienza el maratón de radicalismos, y con ello el comienzo de los excesos que a ningún acierto puede conducir.

Éste es el momento en que necesitamos cordura. El país tiene necesidad de tranquilidad espiritual. Necesitamos enfrentarnos a la ola de egoísmos que viene agitando al país. Hace seis meses que la nación está sacudida por huelgas constantes, muchas de ellas enteramente injustificadas; las organizaciones obreras están ofreciendo en numerosos casos ejemplos de ingratitud: las huelgas dañarán mucho menos al capital que al gobierno, porque le cierran las fuentes de la prosperidad. De esta manera, las buenas intenciones la labor incansable del señor Presidente están constantemente obstruidas, y lejos de aprovecharnos de los momentos actuales, tan favorables para México, vamos para atrás, retrocediendo siempre, y es injusto que los obreros causen daño a un gobierno que tiene al frente a un ciudadano honesto y a un amigo sincero de los trabajadores, como es el general Cárdenas. No tienen derecho de crearle dificultades y de estorbar su marcha. Yo conozco la historia de todas las organizaciones, desde su nacimiento; conozco a sus líderes, los nuevos y los viejos. Sé que no se entienden entre sí y que van arrastrados por líneas paralelas, por Navarrete y Lombardo Toledano, que dirigen el desbarajuste. Sé de lo que son capaces y puedo afirmar que en estas agitaciones hay apetitos despiertos, muy peligrosos en gentes y en organizaciones impreparadas. Están provocando y jugando con la vida económica del país, sin corresponder a la generosidad y a la franca definición obrerista del Presidente de la República."

Algunos pensaron que la voz del guía y "gran estadista" sería suficiente, y que la situación política que se vivía era solamente un exceso de entusiasmo de Cárdenas y algunos de sus seguidores, lo que podía interpretarse como el simple efecto de su inexperiencia.

Pero quienes así pensaban, eran más bien los ingenuos viejos callistas, que seguían creyendo que la palabra de su caudillo era una norma insoslayable; pero la realidad ya era otra. La nueva energía representada por el radicalismo cardenista había tomado cuerpo y era ya una corriente tan poderosa, que podía prescindir del antiguo modelo y del propio Jefe Máximo, quien también fue ingenuo al calcular el grado de sumisión de su pupilo, quien, en realidad, tenía el nervio suficiente para jugar sus propias cartas y hacerlas valer; las "alas izquierdas" a las que alude Calles, no eran un desviación al modelo, no eran un error que podría corregirse, sino la esencia misma de un régimen que marchaba hacia el socialismo con toda firmeza, y era precisamente Cárdenas quien daba esa firmeza. La idea de que las cosas "se le salían de las manos", como había ocurrido con Ortiz Rubio, era una óptica demasiado simplista.

En realidad, el callismo se había ido corroyendo paulatinamente, y para 1935 era ya una estructura rígida, poco maleable; una fuerza más aparente que real. Muchos políticos asumían el caudillaje más como un símbolo de seguridad y estructura, que como una energía viva y actuante. Aun dentro del mismo ejército, había quienes sentían ya el cansancio de la tutela callista.

Cárdenas, que había trabajado en lo suyo, en la creación de elementos propios, en la agitación directa con las masas y el acuerdo con los segmentos de poder más significativos y vigorosos, bien podía recoger los frutos de la larga dictadura, para crear su propio modelo y dar sus propias directrices.

En otros tiempos, las declaraciones de Calles, en su entrevista con Padilla, y algunas otras que hizo, manifestando su rechazo a las huelgas obreras, podrían haber pasado inadvertidas o tomado como simple retórica circunstancial; pero ahora nadie quería que aquello pasara inadvertido, al contrario, era imperativo que se definiera de qué lado estaba el poder.

Por su parte, muchos funcionarios, legisladores y aun hombres de negocios, se apresuraron a felicitar a Calles; inclusive la Comisión Permanente del Congreso y las Cámaras de Comercio y de Industria, que sufrían directamente la ola de huelgas, se precipitaron a manifestarle su adhesión, por lo que, aparentemente, éste había recuperado gran parte del terreno perdido. Hubo euforia y optimismo entre los sectores tradicionalistas o simplemente privilegiados.

Los cardenistas guardaban silencio, pero había una acción en marcha, uno de cuyos aspectos era el veto a la palabra del caudillo en los medios oficiales. A todo mundo extrañó que las declaraciones de Calles hubieran sido publicadas en todos los diarios, con excepción de *El Nacional,* que era el órgano del gobierno.

Según Towsend, Cárdenas aprovechaba el tiempo para asegurarse de la lealtad de las personas claves de su gobierno, además de la imprescindible aquiescencia de los gobernadores de los estados y los jefes militares, a quienes preguntaba su opinión respecto de las declaraciones de Calles... *"si había duda o incertidumbre en la respuesta al emisario, lo anotaba e informaba al Presidente, y el militar en cuestión era sustituido, sin pérdida de tiempo por uno de la confianza de Cárdenas, es decir, antes de que pudiera rebelarse".*

El golpe final

Cárdenas esperó el momento en que Calles había definido la polaridad entre los miembros del gobierno, y lanzó un mensaje firme, emotivo y bien estructurado, producto de una pensamiento activo, reflexivo y no meramente reactivo, cual era el estilo del caudillo y sus seguidores:

"Ante la grave e injustificada agitación que se ha provocado en el país en los últimos días, en que fuertes sectores de todas las clases sociales han expresado su opinión y asumido actitudes diversas que afectan profundamente a la buena marcha de la administración pública, creo mi deber, en mi carácter de Presidente Constitucional de los Estados Unidos Mexicanos, dirigirme a mis conciudadanos para darles a conocer con sinceridad el sentir del Gobierno de la República, en relación con los problemas planteados.

Pienso que es ineludible deber, en el momento actual, que todos los que de alguna manera nos sentimos vinculados con el movimiento social de México, precisemos la responsabilidad histórica que hemos contraído y nos demos cuenta de que nuestra actuación, si queremos asumir esta responsabilidad, debe estar inspirada tan sólo en la más absoluta buena fe, en el desinterés y en el patriotismo.

Cumplo con un deber al hacer del dominio público que, consciente de mi responsabilidad como Jefe del Poder Ejecutivo de la nación, jamás he aconsejado divisiones, lo que no se me oculta que sería de funestas consecuencias, y que, por el contrario, todos mis amigos y correligionarios han escuchado siempre de mis labios palabras de serenidad, a pesar de que determinados elementos del mismo grupo revolucionario (dolidos seguramente, porque no obtuvieron las posiciones que deseaban en el nuevo gobierno) se han dedicado con toda saña y sin ocultar sus perversas intenciones, desde que se inició la actual administración a oponerle toda clase de dificultades, no sólo usando la murmuración, que siempre alarma, sino aun recurriendo a procedimientos reprobables de deslealtad y traición.

En este sentido, mi conciencia no me reprocha nada que pudiera significar, de parte mía, la menor provocación para agitar o dividir al grupo revolucionario.

Refiriéndome a los problemas de trabajo que se han planteado en los últimos meses y que se han traducido en movimientos huelguísticos, estimo que son la consecuencia del acomodamiento de intereses representados por los dos factores de la producción, y que, si causan algún malestar o aun lesionan momentáneamente la economía del país, resueltos razonablemente y dentro de un espíritu de equidad y de justicia social, contribuirán con el tiempo a hacer más sólida la situación económica.

Ante estos problemas, el Ejecutivo Federal está dispuesto a obrar con toda decisión para que se cumpla el programa de la Revolución y las leyes que regulan el equilibrio de la producción, y decidido, asimismo, a llevar adelante el cumplimiento del Plan Sexenal del Partido Nacional Revolucionario, sin que le importe la alarma de los representantes del sector capitalista. Pero, al mismo tiempo, considero de mi deber expresar a trabajadores y patrones que, dentro de la ley, disfrutarán de toda clase de garantías y apoyo para el ejercicio de sus derechos y que, por ningún motivo, el Presidente de la República permitirá excesos de ninguna especie o actos que impliquen transgresiones a la ley o agitaciones inconvenientes.

Al tal efecto, declaro que tengo plena confianza en las organizaciones obreras y campesinas del país, y espero que sabrán actuar con la cordura y el patriotismo que exigen los legítimos intereses que representan.

Deseo expresar finalmente que, en el puesto para el que fui electo por mis conciudadanos, sabré estar a la altura de mi responsabilidad y que, si he cometido errores, éstos pueden ser el resultado de distintas causas, pero nunca el producto de la perversidad o la mala fe.

Creo tener derecho a que la nación tenga plena confianza en mí y a que el grupo revolucionario se revista de la necesaria serenidad y continúe colaborando con el Ejecutivo en la difícil tarea que se ha impuesto. A tal fin, exhorto a todos los hombres de la Revolución para que mediten honda y sinceramente cuál es el camino del deber, pudiendo todos estar seguros de que jamás obraré en un sentido diverso del que me han inspirado siempre los actos de mi vida de ciudadano, de amigo leal y de soldado de la República."

Inmediatamente después de este discurso, Cárdenas dio a su colaborador incondicional, Emilio Portes Gil, el cargo de presidente del Partido Nacional Revolucionario, en sustitución del general Matías Ramos, y se convocó a un consejo del gabinete en el que el Presidente Cárdenas pidió la renuncia todos sus colaboradores, a fin de quedar en aptitud y libertad de designar nuevos funcionarios, con el criterio, según indicó el secretario particular, Luis I. Rodríguez, *"de aquellos que mostraran un claro sentido patriótico y accedieran a las indicaciones del Primer Magistrado de la Nación"*.

Por su parte, en sus memorias, Emilio Portes Gil, escribe:

"Antes de que nos ausentásemos de la Sala de Acuerdos, mi estimado amigo, el señor ingeniero Juan de Dios Bojórquez, expresó al Presidente, que consideraba conveniente que todos los dimitentes se dirigieran a la casa del general Calles, en Cuernavaca, con objeto de hacerle una visita, lo que sin duda causaría una buena impresión y calmaría la gran agitación que ya se había extendido en todo el país."

Esta iniciativa no se llevó a cabo, y en vez de ello, en los siguientes días se nombró un nuevo gabinete, en el que se cortó de tajo con todos los elementos callistas, además del conflictivo Garrido Canabal. De esta manera se definió claramente la situación, y de la noche a la mañana el "hombre fuerte" dejó de serlo, pues muy pocos se atrevían ya a brindarle su apoyo.

Calles desistió de la lucha y anunció que se exiliaría voluntariamente. En virtud de ello, Portes Gil visitó a Calles, probablemente a instancias de Cárdenas, con el simple propósito de despedirse de él, como dice en sus memorias:

"*Esto ya no tiene remedio* —le dijo Calles—; *he tomado la determinación de ausentarme de la República, retirándome para siempre de toda actividad política. A mis amigos les recomiendo que ayuden al Presidente y que procuren servir al país con toda lealtad.*

Yo creo, general —contestó Portes Gil—, *que lo que ha ocurrido es lamentable por todos motivos, porque trae consigo una honda división de la familia revolucionaria; pero creo también, que el Presidente no podía haber obrado de otra forma como lo hizo. El tono de las declaraciones de usted fue agresivo, y si él hubiera permanecido callado, su autoridad hubiera quedado por los suelos.*

Créame, licenciado —repuso Calles—, *que yo obré con buena fe y con patriotismo, deseando prestar un servicio al gobierno. Con esto doy por terminada mi vida pública y dejo toda la responsabilidad en las manos de quienes en estos momentos dirigen al país. Como le digo, deseo que la administración del general Cárdenas salve a la Revolución; he recomendado a mis amigos que lo ayuden en esta tarea difícil.*"

El embajador de los Estados Unidos interpretó el movimiento político, como un acto de gran astucia por parte de Cárdenas: "*Hizo algo más que pedirles la renuncia a sus ministros, al proceder al retiro o la sustitución de algunos jefes militares, e impidió toda posibilidad de un golpe militar. Para los demás funcionarios, esa actitud sirvió de aviso sin palabras sobre la suerte que les esperaba a los que quisieran sabotear el Plan Sexenal, que era tan sagrado para Cárdenas, como lo fue para los israelitas el Arca de la Alianza... calladamente se acercó a todas las fuerzas de que disponía y las empleó con éxito para acabar con el dominio de Calles.*"

En sus memorias, Vasconcelos expone la tesis de que el derrocamiento de Calles fue dispuesto desde los Estados

Unidos, porque Roosevelt necesitaba ganarse el apoyo de los católicos ante la inminencia de la Segunda Guerra Mundial, y para ello era necesario entrar en tratos con el actual Presidente de México, para que "aflojara" la persecución religiosa en México, a fin de que los grupos católicos norteamericanos no se sintiesen inquietos.

La caída de Calles, dice, *"sin duda preparada en secreto y con bastante anticipación, fue facilísima. No dejó de provocar sorpresa entre el público; pero los que estaban cerca del gobierno lo supieron con oportunidad. El cambio operado por el cardenismo en la política religiosa era ya un desconocimiento de la doctrina del maestro, pero como éste sospechaba que se trataba de órdenes de Washington, se quedó sin decir palabra. Lo que nunca sospechó el Máximo, es que indirectamente la política norteamericana lo había aprovechado y que ahora estorbaba. Se aguardaba tan sólo una oportunidad... El visto bueno para la eliminación de Calles, debió haberlo dado el embajador norteamericano, junto con las instrucciones para proceder a la reapertura de los templos. Ostensiblemente, la intriga contra Calles la dirigió Portes Gil, que de esta manera se hizo grato a Cárdenas"*.

La nueva fuerza

Como ya hemos dicho, a Cárdenas se debe el esquema político de control de la fuerza militar, habiendo dividido al ejército en "compartimentos estancos", que el Ejecutivo podía manejar a voluntad. Los gobiernos posrevolucionarios tenían en la fuerza militar su principal apoyo, aunque también eran vulnerables ante ese poder. Cárdenas supo canalizar esa fuerza para ponerla invariablemente al servicio del gobierno y ello le permitió cimentar su poder; pero el siguiente paso fue el control y canalización de la otra gran fuerza social: los trabajadores.

En esta área, Cárdenas creó la que llegaría a ser la organización más poderosa de México: la Confederación de Trabajadores de México (CTM). Esta Confederación nació propiamente de una transformación sufrida por la Confederación General de Obreros y Campesinos de México (CGOCM), que era una organización relativamente débil y que funcionaba paralelamente a la poderosa CROM, cuyo líder, Luis N. Morones, seguía siendo adicto a Calles, si ya no en persona, sí en métodos e ideología; en la otra organización militaban personajes de reconocida filiación socialista, como Vicente Lombardo Toledano, Fidel Velázquez, Fernando Amilpa, Rubén Magaña o Fernando Piña Soria.

Al inaugurarse el Congreso, varios oradores hicieron uso de la palabra; uno de ellos, Lombardo Toledano, echó a andar el proceso de disolución de la organización y su transformación en una nueva que, con el apoyo del gobierno, lograra la total unión de la clase trabajadora. La intervención de Lombardo causó el efecto deseado y el Congreso en pleno decidió disolver la CGOCM para fundar en lugar suyo la CTM, organización que... *"incluirá a todo el elemento labo-*

rante del país y llevará por lema 'Por una sociedad sin clases'"; bregará por la desaparición del régimen capitalista y en cuanto a tácticas de lucha, empleará la huelga, el boicot, la manifestación pública y la acción revolucionaria. La nueva organización laborante estará regida por un Consejo Nacional, el que se reunirá cada tres meses y congresará (sic) *cada dos años".*

Acto seguido, Fidel Velázquez formuló la declaración correspondiente:

"Hoy, 20 de febrero de 1936, se declara disuelta la Confederación General de Obreros y Campesinos de México, en cumplimiento del pacto solidario firmado en el Comité Nacional de Defensa Proletaria, para construir la Central Única Obrera y Campesina de la República Mexicana.

En tanto se constituye la Central Única y se designa el Comité Ejecutivo Nacional, el Consejo Nacional de la Confederación General de Obreros y Campesinos de México, seguirá representando a los organismos que hasta hoy han pertenecido a la Confederación y se facultará a dicho Consejo Nacional para que haga al Comité la entrega respectiva y corra los trámites necesarios ante las autoridades del país, en relación con la liquidación de nuestro organismo."

En cumplimiento de aquel acuerdo, el 24 de febrero se integró la CTM, eligiéndose a Vicente Lombardo Toledano como Secretario General.

Seguramente, Cárdenas sabía que la creación de una fuerza única, dirigida por un solo hombre, y además de las características de Vicente Lombardo Toledano, era una materia candente y peligrosa para la estabilidad de su gobierno, que con mucha facilidad podía salírsele de las manos y establecerse como gobierno alternativo, eliminando su mandato real para convertirlo en símbolo. De hecho, desde los primeros tiempos de la CTM, comenzó a hablarse de "cardenismo" y "lombardismo", lo que indicaba un nuevo partidismo; sin embargo, al parecer, había un entendimiento de fondo, basado en claros objetivos comunes, lo que se tradujo en una acción política coherente con el Plan Sexenal.

Sinarquismo y Acción Nacional

El poder único se había consolidado, pero esa consolidación traía consigo un sistema impositivo y ciertamente represivo en muchos aspectos; como ya hemos visto, la imposición de la educación socialista causó graves conflictos, sobre todo en la provincia mexicana, donde las escuelas públicas eran muchas veces rechazadas y algunas veces incendiadas o destruidas; los maestros rurales estaban en constante peligro de ser agredidos por la gente del pueblo que era incitada por los curas locales o por grupos radicales que se oponían al modelo ideológico del gobierno.

Así se fue configurando el movimiento llamado "sinarquismo". Bajo este nombre se aglutinaba toda una gama de posturas, cuyo común denominador era la oposición al gobierno. Tal vez por eso, en busca de un término generalizador, se le llamó así, sinarquismo, que en su raíz significa "con gobierno". Tal vez el sentido simbólico del término, era la sensación de que el orden tradicional de la cultura mexicana se estaba rompiendo, especialmente en lo relativo con la fe religiosa; de ahí que su propuesta era el restablecimiento de un "orden cristiano" con la propuesta de una organización rígida y activista, parecida a la establecida en Alemania nazi e Italia fascista. De hecho, se dice que el ideólogo y fundador de la Unión Nacional Sinarquista fue el nazi alemán Helmunt Oscar Sreiter.

Visto en su conjunto, el sinarquismo no fue una simple reacción de campesinos miserables y fanatizados, sino un movimiento que en esos momentos representaba una fuerte tendencia política en el mundo; en México tomaba la forma del viejo repudio al liberalismo anticatólico exacerbado por la política anticlerical del régimen de Cárdenas.

Al desenvolverse el sinarquismo en sus primeras etapas, su éxito fue incuestionable, reclutando una gran cantidad de simpatizantes, sobre todo en el centro del país, donde se había desarrollado la parte más cruenta y activa de la "cristiada".

Junto al sinarquismo, y en indudable confluencia de propósitos, se encontraba la Acción Católica, de clara orientación fascista, y las llamadas "Legiones", que eran grupos de jóvenes que funcionaban prácticamente como guerrilleros o fuerzas paramilitares.

Pero estas fuerzas, en principio aglutinadas por medio de la Unión Nacional Sinarquista, fueron encontrando formas de organización política más estructurada y menos visceral, lo que dio lugar a la formación del Partido Acción Nacional (PAN), que en su nombre llevaba los dos grandes temas que, en 1939 se manejaban en el mundo, y que eran el *nacionalismo,* como oposición al "internacionalismo" comunista, y la *acción*, como la decisión de dar la batalla abiertamente en contra de cualquier forma de represión a los principios tradicionales de orden, considerando este orden en un sentido económico, moral y religioso. En pocas palabras, la simple actitud "reaccionaria" pasiva, se convertía en algo activo.

La formación del PAN, como verdadera oposición del PNR, fue, en apariencia, un avance de la derecha mexicana, pero el efecto fue nefasto para la Unión Nacional Sinarquista y los grupos extremistas, pues si bien el partido se proponía como "de acción", su actitud política no podía ser otra que la protesta pasiva, pues no sólo se enfrentaba al tremendo aparato gubernamental, hábilmente dirigido por Cárdenas, sino que, en 1939 y años subsecuentes, tenía que enfrentarse a la animadversión del gobierno de los Estados Unidos, involucrados en la guerra en contra, precisamente de regímenes que defendían lo mismo que el PAN.

La expropiación petrolera

Uno de los hechos más significativos, y por supuesto trascendentes del gobierno de Cárdenas, fue la Expropiación Petrolera lo que en términos legales, no fue propiamente una expropiación, sino el retiro de las concesiones anteriormente otorgadas, lo que era perfectamente válido, con fundamento en el artículo 27 constitucional, que establece que *"la riqueza del subsuelo pertenece a la nación"*. Pero el asunto, obviamente, no presentaba esa sencillez legal, sino que era un punto particularmente sensible en términos de relaciones internacionales, tratándose precisamente del insumo básico para la industria y en condiciones de inminente conflicto internacional.

La expropiación del petróleo no fue una medida que se hubiese tomado al calor de las circunstancias internacionales, sino que se venía cocinando desde tiempo atrás. Desde sus inicios, el gobierno cardenista comenzó a suspender toda clase de concesiones en materia petrolera, especialmente las "confirmatorias", caso en el que estaban las empresas norteamericanas, amparadas por el "Tratado de Bucareli", firmado por Obregón, y en el que se consignaba que el gobierno de México no podía dar efecto retroactivo al artículo 27 constitucional en materia de petróleo.

La tesis que manejaba el gobierno de Cárdenas al respecto, elaborada por el jurista Antonio Gómez Robledo, era la siguiente:

"El pacto extraoficial petrolero es violatorio de la Constitución Mexicana, cuyo artículo 27, al nacionalizar sin taxativas toda mezcla de carbono e hidrógeno yaciente bajo el suelo nacional,

no autoriza a las leyes orgánicas a reconocer los supuestos derechos adquiridos y crear las llamadas concesiones confirmatorias."

Como parte de este mismo proceso, a principios de 1937, fue disuelta la compañía estatal Petromex, y se creó un organismo oficial, que fue la Administración General del Petróleo Nacional. El siguiente paso consistió en un contrato de correlación entre el Gobierno Federal y la compañía inglesa "El Águila", a fines de 1937, para la explotación en común de "determinadas propiedades petroleras". La mexicanización hubiera podido efectuarse de manera paulatina, pero los hechos rebasaron los planes, y las coyunturas precipitaron las cosas de manera afortunada.

Una de esas coyunturas fue dada por las relaciones entre los trabajadores y las empresas, cuyas tensiones habían alcanzado un punto de gravedad, en virtud de una dinámica que es narrada por Silva Herzog:

"Desde siempre, las compañías petroleras se opusieron a que los trabajadores se organizaran. Poco a poco se fueron formando sindicatos, y para 1935, no había una sola en la que no hubiera un Sindicato. A principios de 1936, los varios sindicatos, independientes y dispersos, iniciaron una serie de arreglos que tuvieron como resultado la formación de uno solo, que se denominó 'Sindicato de Trabajadores Petroleros de la República Mexicana', y una vez que sus dirigentes creyeron que habían adquirido la suficiente cohesión y firmeza, presentaron a las compañías un proyecto de contrato colectivo de trabajo."

Las empresas estuvieron de acuerdo en firmar un "contrato colectivo", pero no estuvieron de acuerdo en el monto de las prestaciones. Hubo un amago de huelga en noviembre de 1936 y el gobierno, comprendiendo lo que esto significaría, propuso una "Convención Obrero-Patronal", que se prolongó hasta mayo de 1937 sin obtener resultado alguno, por lo que, a finales del mismo mes, estalló la huelga.

La intransigencia de las compañías hizo que la huelga tuviera visos de prolongarse indefinidamente, por lo que el gobierno tomó cartas en el asunto, interviniendo la CTM,

Cuando las compañías extranjeras, que explotaban el petróleo mexicano, se negaron a aumentar el sueldo a sus trabajadores, éstos se pusieron en huelga. Cárdenas los apoyó y nacionalizó el petróleo.

con Lombardo Toledano, quien propuso un "cambio de estrategia", convirtiendo el problema en un "conflicto económico", lo que suponía llevarlo a niveles de decisión gubernamental, rebasando los tribunales laborales.

Dice Piña Soria: *"Lombardo, Fidel Velázquez, Daniel Vilchis, Manuel Gutiérrez y quien esto escribe, fuimos a la Convención. Habló Lombardo sin lograr éxito. Inclusive, la Asamblea recibió al Secretario General de la CTM con muestras de desagrado. Fracasó y la huelga continuó. Y, sin embargo, era importante levantarla para no fracasar. En esa virtud, el Presidente Lázaro Cárdenas reunió a la Convención Petrolera, recurriendo también al Comité Nacional de la CTM, con el propósito de que los trabajadores comprendieran su papel, habiendo éstos determinado, sólo con la intervención del general Cárdenas, y no por la de Lombardo, levantar la huelga."*

Pero el levantamiento de la huelga estaba condicionado a que el asunto efectivamente fuera estudiado bajo la óptica de "conflicto económico", por lo que se nombró una Comisión de tres "peritos", para estudiar el asunto de las demandas laborales.

Silva Herzog dirigió la investigación contenida en el informe, en cuya realización cooperaron diversas personas, hasta integrarse un informe de 2,700 páginas, que dieron lugar a un informe de 100 páginas, que era más bien un documento político, pues en él se hablaba de la vinculación de las empresas petroleras con grandes consorcios internacionales, a su nula cooperación al progreso social del país, a que las inversiones ya se habían recuperado, que la producción de los campos estaba por agotarse y hacían falta nuevas exploraciones, que los salarios reales de los trabajadores eran inferiores a los de los operarios de otras áreas, que los precios de los productos en los mercados nacionales eran inferiores a los del exterior, y que las utilidades de las empresas en México eran superiores a las de las mismas en los Estados Unidos. En resumen, se determinaba que la situación financiera de las compañías era muy bonancible y apta para que se cumplieran las demandas de los trabajadores.

Cabrera ha dicho a este respecto, que *"no fue un secreto para nadie, que todos, absolutamente todos los funcionarios que tuvieron alguna intervención en el conflicto petrolero, sabían de antemano que las compañías no aceptarían el laudo ni podrían cumplir con la opinión del Comité, y esto no tanto por la cantidad de dinero que se les obligaba a pagar, sino por las condiciones mismas del contrato de trabajo que iba a imponerse a las compañías".*

Inconformes con el laudo, las empresas acudieron a la Suprema Corte de Justicia en demanda de amparo en contra de la disposición de la Junta Federal de Conciliación y Arbitraje.

El 24 de febrero de 1938, en el Congreso Ordinario de la CTM, el Presidente Cárdenas acusó a las empresas de hacer un retiro violento de sus depósitos bancarios y de "*efectuar intencionada campaña de publicidad para inquietar a los hombres de empresa y restringir o negar el crédito a las industrias, como si se pretendiera usar de coacción ilegítima para forzar el sentido de la resolución definitiva*".

El 1o. de marzo, la Junta confirmó el laudo y notificó a las compañías que debían cumplir el fallo; pero éstas manifestaron que no podían hacerlo. Hubo negociaciones, y las empresas indicaron que sólo podían ofrecer 22'400,000 pesos, que era una oferta considerable, dado que era menor sólo en cuatro millones de la que se les había asignado; sin embargo la Junta no cedió y se llegó a un punto muerto.

Las compañías petroleras fueron expropiadas, lo cual ocasionó muchos conflictos con los empresarios extranjeros; el pueblo mexicano contribuyó con lo que pudo para pagar la deuda.

El 18 de marzo de 1938, el Sindicato pidió la cancelación de los contratos laborales, a lo que tenían derecho conforme a la ley, y la Junta estuvo de acuerdo, por lo que se declararon suspendidas las labores en las industrias petroleras. Ese mismo día, las compañías dijeron que, haciendo un esfuerzo, pagarían los 26'332,537 pesos que fijaba el laudo, pero el ofrecimiento se consideró fuera de tiempo y no procedió.

Ese mismo día, el Presidente Cárdenas emitió un Decreto en el que se expropiaban las industrias petroleras, indicando que se recurría a tal medida por la negativa de las empresas a aceptar el laudo pronunciado, y porque la suspensión de las actividades petroleras acarrearía *"graves trastornos interiores que harían imposible la satisfacción de necesidades colectivas y el abastecimiento de artículos de consumo necesario, debido a la consecuente paralización de los medios de transporte y de las industrias productoras..."* y porque era indispensable *"proveer a la defensa, conservación, desarrollo y aprovechamiento de la riqueza que contienen los yacimientos petrolíferos, y para adoptar las medidas tendientes a impedir las consecución de daños que pudieran causarse a las propiedades en perjuicio de la colectividad"*.

El Presidente Cárdenas dio a conocer este Decreto a través de la radio. El eco de ese mensaje alcanzó una enorme amplitud, la opinión pública estuvo en su totalidad a favor de la medida, y el 23 de marzo se efectuó en la capital una manifestación de más de 100 mil personas que quisieron testimoniar su apoyo al paso dado, como lo testimoniaron por otros medios, que lo mismo consistieron en manifestaciones públicas de adhesión, que en la donación de dinero o incluso objetos, para cubrir la indemnización de las empresas expropiadas.

En la práctica, el Gobierno de los Estados Unidos admitió la decisión mexicana, con lo que de hecho se solidarizó, desdeñando convertirse en gestor de las grandes empresas expropiadas en cuanto a la devolución de sus posesiones.

Cárdenas anunció por radio la expropiación petrolera.

Afirma Vasconcelos "que el borrador del Decreto expropiatorio" fue llevado por el señor Rafael Zubarán (antiguo Secretario de Industria y Comercio) a los Estados Unidos para ponerlo a la consideración de las autoridades norteamericanas.

Cualquiera que sea el criterio que podamos formularnos al respecto, lo que es realmente significativo, es lo dicho por el propio Presidente Cárdenas en una carta fechada el 31 de marzo de 1938:

"Mi gobierno considera que la actitud adoptada por el Gobierno de los Estados Unidos de América, en el caso de la expropiación de las industrias petroleras, confirma una vez más la soberanía de los pueblos de este continente, que el estadista del poderoso país de América, Su Excelencia el Presidente Roosevelt, ha sostenido tan entusiastamente.

Por esta actitud, señor Embajador, su Presidente y su pueblo han ganado la estimación del pueblo de México.

La nación mexicana ha vivido en estos últimos días, momentos de verdadera prueba, en los que no sabía si debería dar rienda suelta a sus sentimientos patrióticos o aplaudir un acto de justicia por parte del país vecino, representado por Su Excelencia.

Mi país se siente feliz de celebrar ahora, sin reservas, la prueba de amistad que ha recibido de usted y que el pueblo llevará siempre en el corazón."

La Guerra Civil Española

Desde los inicios el gobierno de Cárdenas manifestó su apoyo y solidaridad a la facción socialista de España. Durante la Guerra Civil, el apoyo fue más decidido, al grado de enviar armas, parque y otros implementos militares a los defensores de la República, propiciar el viaje de voluntarios mexicanos hacia España para sumarse a las "brigadas internacionales" y recibir asilados durante y después del conflicto.

Las referencias del Presidente Cárdenas respecto de la intervención en la Guerra Civil Española, quedaron consignadas con toda amplitud en varios informes de su gobierno, que no dejaron lugar a dudas sobre la línea que se seguía. Así, por ejemplo, en el informe del 1o. de septiembre de 1936, pocos meses después de iniciado el conflicto, indicó lo siguiente:

"El Gobierno de España solicitó la venta de pertrechos de guerra, solicitud que fue atendida poniendo desde luego a su disposición en el puerto de Veracruz, 20,000 fusiles de 7 milímetros, y 20 millones de cartuchos de fabricación nacional."

Al año siguiente, en su informe de 1937, el Presidente Cárdenas expresó que:

"En relación con el caso especial de España, el Gobierno de México dirigió a la Sociedad de las Naciones, el 31 de marzo del año en curso, una nota en la cual México definió su criterio respecto a la conveniencia de interpretar la neutralidad internacional, en casos como el de España, conforme a los principios del Pacto Constitutivo de la Liga de las Naciones, estableciendo una distinción entre los gobiernos legítimos agredidos, a los que debe

proporcionárseles el apoyo al que tienen derecho, y los grupos agresores, a los que resulta indebido facilitar elementos destinados a continuar y volver más sangrienta la lucha."

Cuando el abatimiento republicano fue evidente y se trabajó para dar acogida a los asilados, al Presidente dijo en su Quinto Informe de Gobierno:

"Ante el cumplimiento de deberes universales de hospitalidad, y frente a las desgracias colectivas de España, se abrieron las puertas de México a los elementos republicanos que no pueden estar en su patria sin peligro de sus vidas, y por considerar, además, que se trata de una aportación de fuerza humana y de raza afín a la nuestra en espíritu y en sangre, que fundida con los aborígenes, contribuyó a la formación de nuestra nacionalidad. Espera el Gobierno Federal que pasada la etapa de la agitación preelectoral, que ha asumido tal actitud (el rechazo) *como arma política de oposición, se llegarán a estimar en todo el país los beneficios que recibe México con la aportación de esas energías humanas que vienen a contribuir con su capacidad y esfuerzo al desarrollo y al progreso de la nación."*

Finalmente, en su sexto y último informe, el Presidente Cárdenas hizo referencia a cómo México había *"abierto las puertas de su hospitalidad, procurando establecerlos en su mayor parte como colonos en diversas regiones del territorio nacional.*

Un nuevo contingente de españoles refugiados en Francia está pendiente de venir a México; nuestro gobierno, por gestiones de su legación, logró de las autoridades francesas que esos refugiados, que se sentían amenazados de ser devueltos a España, quedaran en territorio francés amparados por la bandera de México, entre tanto disponen de barcos para salir de aquel país. Su sostenimiento en Francia, su traslado y su instalación lo harán los propios españoles."

La actitud del Presidente Cárdenas en el asunto de la Guerra Civil Española, marcó una pauta de asilo generoso que se convirtió en modelo a seguir para regímenes posteriores, lo que ha dado a la diplomacia mexicana un carácter de dignidad y respeto que es digno de señalarse aquí.

Fin de la presidencia

Después de violentas y controvertidas elecciones, el general Cárdenas entregó el poder a su sucesor, el general Manuel Ávila Camacho, y se retiró a Michoacán, desde donde seguiría con una intensa labor política, primero en un plano estrictamente civil, y más tarde en cargos oficiales, pues con motivo de la forzada entrada de México en la Segunda Guerra Mundial, en 1942, el Presidente Ávila Camacho llamó a Cárdenas a colaborar, sucesivamente, en los cargos de Comandante Militar del Pacífico y Secretario de la Defensa Nacional.

En la práctica, no hubo una participación directa del ejército mexicano en la lucha —con excepción de algunas operaciones en las que participó el Escuadrón Aéreo 201—, pero sí fue necesaria la disposición y manejo de recursos bélicos y, en especial, la regularización de los alistamientos de mexicanos inmigrantes que hacía el ejército norteamericano. En esa oportunidad, se firmaron acuerdos de intercambio mutuo de soldados entre los ejércitos norteamericano y mexicano, con lo que más de 270,000 mexicanos fueron a combatir a las potencias del Eje bajo la bandera norteamericana, pero ni un solo norteamericano se alistó en el ejército mexicano.

Una vez declarado oficialmente el término de la guerra, el 15 de agosto de 1945, se llevó a cabo un desfile popular en la ciudad de México. Días más tarde, el general Lázaro Cárdenas presentó su renuncia como Secretario de la Defensa Nacional:

"Habiendo terminado el 'estado de guerra' en el que se encontraba nuestro país —señaló en su comunicado al Presidente

Ávila Camacho—, *vengo a suplicar a usted tenga a bien acordar que se me releve del puesto de Secretario de la Defensa Nacional con que se sirvió usted distinguirme, y autorizarme para continuar en la situación de licencia ilimitada en que me hallaba cuando volví al servicio en 1941."*

Los tiempos filosóficos

La última etapa en la vida de Lázaro Cárdenas, no fue en absoluto un tiempo de descanso o nostalgia, sino un tiempo de reflexión y enseñanza. Cárdenas fue siempre un hombre de ideas, pero en sus primeras etapas tuvo que mantener el equilibrio entre el pensar y el actuar. Al dejar la actividad política directa, su pensamiento se realimentó de las experiencias vividas y se manifestó con mayor serenidad, libre ya de las pasiones, los compromisos y las veleidades de la política. En las siguientes páginas, recogeremos algunas de las propuestas de interpretación de la realidad social que constituyen su testamento filosófico.

El 26 de febrero de 1956, le fue concedido el Premio Stalin de la Paz, otorgado por el Gobierno de la Unión Soviética; en ocasión de ello expresó:

"Agradezco cordialmente al Comité Internacional de los Premios por la Paz la distinción que recibo, al otorgárseme el Premio Stalin, porque considero que con él se exalta la convicción que abrigamos los mexicanos por la causa de una paz orgánica en que todos los pueblos puedan vivir dentro de normas de justicia y de seguridad social, y porque nadie puede eludir su responsabilidad de contribuir a cultivar la amistad entre las naciones.

En la hora presente, no hay un solo pueblo que desee la paz y no se esfuerce por consolidarla. Los mexicanos recordamos que las tradiciones pacifistas de la patria son tan antiguas como el nacimiento de nuestra comunidad nacional; que México, en ningún caso y por ningún motivo, ha participado en una guerra injusta; que las luchas armadas en las que nos hemos visto obligados a contender, se han librado sólo por ideales de redención social y de defensa de nuestra soberanía, y que nuestra amistad se ha exten-

dido siempre a todos los países. Es así que los mexicanos partidarios de la paz, abogamos porque los conflictos entre los Estados se resuelvan por medios pacíficos.

El ambiente de seguridad, creado por los partidos de la violencia, es un obstáculo que debe removerse con firmeza y mostrar al hombre de todas las latitudes, que el arreglo amistoso entre los pueblos es más perdurable que el triunfo ilusorio de la guerra.

Afortunadamente, el esfuerzo de los pueblos no ha sido estéril... Durante los últimos meses se han visto delegaciones culturales y económicas provenientes de dos grandes países, nuestro vecino del Norte y la Unión Soviética, fraternizar y superar el recelo para cambiar experiencias y establecer la amistad."

Habló después del peligro que podía correr la humanidad en una Guerra Atómica, de los riesgos de la Guerra Fría, de las maniobras que las dictaduras realizaban contra los pensadores libres y el daño a los derechos humanos.

En junio de 1966, el filósofo inglés, Bertrand Russel, organizó un jurado internacional para analizar la actuación norteamericana en la guerra de Vietnam, invitando a los principales ideólogos de la paz, entre ellos a Lázaro Cárdenas. En una carta fechada el 23 de junio, Russell dice a Cárdenas lo siguiente:

"Es de una claridad meridiana, que los Estados Unidos se han embarcado en una serie de crímenes de guerra contra el pueblo de Vietnam. Deseamos la constitución de un jurado internacional representativo e independiente para que acoja la total evidencia respecto a estos crímenes contra la humanidad. Consideraría de la más grande importancia para esta tarea, si usted puede participar como miembro del jurado. Con gusto enviaré a usted los detalles del jurado propuesto."

En un inserto en la revista *Siempre*, Cárdenas dice lo siguiente:

"He agradecido al señor Russell tan alta distinción, y he considerado mi obligación ineludible, como ciudadano, servir, en bien de la humanidad, en el esclarecimiento de los gravísimos hechos de que es víctima la población de Vietnam."

Con motivo de un viaje a la Unión Soviética y a China, el periodista Blanco Moheno le hizo una entrevista, en la que, por supuesto, se tocó el gran tema de controversia que suscitó siempre la ideología de Cárdenas:

"Me pides que aclare si soy o no comunista. Yo te preguntaría: ¿qué es comunismo?... ya sé que tú lo sabes. Pero me refiero a la propaganda anticomunista que se realiza cotidianamente, y cada vez más intensa, por las gentes que todos sabemos, movidas por intereses conocidos. El comunismo que esa propaganda explica, consiste en masacrar al pueblo, en robar los hijos a sus padres, en perseguir las creencias religiosas; yo no lo conozco, y al visitar la URSS y China no lo vi por ninguna parte, sino todo lo contrario, pueblos en lucha por su libertad, por su liberación económica, por su dignidad."

Es bien sabido que el general Cárdenas prestó su ayuda a Fidel Castro y demás revolucionarios cubanos, que finalmente llegaron al poder y establecieron la primera República Socialista de América. En 1961, el régimen de Castro se encontraba muy vulnerable frente al gran poder de los Estados Unidos, que en esos momentos parecían estar dispuestos a una intervención violenta en Cuba. Por esta razón, el propio Cárdenas promovió una Conferencia de Paz, que se celebró en México durante el mes de marzo. En la sesión de clausura, dijo Cárdenas:

"La Conferencia Latinoamericana por la Soberanía Nacional, la Emancipación Económica y la Paz, que ha tenido lugar en esta ciudad de México, durante los días 5,6, y 7, y que se clausura hoy, ha servido para demostrar el interés que los distintos sectores de nuestros países tienen en la solución de los problemas vitales.

Seguramente las voces que se han escuchado de las representaciones de los países que han concurrido a esta Conferencia, servirán de estímulo a los pueblos oprimidos que viven sin libertad y en la miseria, y aspiran a mejorar sus condiciones de vida."

Habló de la necesidad de la paz, de cómo los pueblos europeos han reaccionado *"espontánea y vivamente ante el peligro de la guerra"*, y cómo, asimismo, los pueblos latinoamericanos "*quieren la paz; la quieren, porque saben que sin ella no lograrán satisfacer sus más legítimas demandas. Pero lo que más directamente les interesa, es que Latinoamérica sea libre y soberana para autodeterminar su destino; que cada país pueda disponer de sus tierras y aguas, de sus bosques, de sus fuentes de energía, de sus industrias básicas, de todos aquellos recursos que, debidamente empleados, podrían hacer de América Latina, un continente capaz de librar de la miseria a sus pueblos y de contribuir a crear un mundo mejor para toda la humanidad*".

Al hacer un llamado a la juventud, puntualizó:

"La juventud de México y la juventud que representan estas delegaciones concurren a un mismo fin: integrar a su patria, unidos todos en la lucha por la emancipación económica y por la paz. De todos ellos nos sentimos solidarios; con ellos nos sentimos estimulados. En todos ustedes confía el pueblo pobre de México, el pueblo pobre de los países latinoamericanos, que está en condiciones difíciles."

En la última sesión plenaria, presidida por Lázaro Cárdenas, se aprobó la siguiente declaración:

"La nueva etapa de liberación ha empezado en América Latina. La lucha está planteada en términos de defensa de la soberanía nacional, la emancipación económica y la paz.

Esta lucha conglomera, día a día, todas las fuerzas patrióticas y democráticas contra los factores que impiden el total desarrollo y utilización del potencial humano y material de nuestros países.

Necesitamos terminar con la situación de dependencia que hoy nos caracteriza, en violento contraste con el avance incontenible del proceso liberador, y con las perspectivas que la ciencia y la técnica abren al hombre contemporáneo.

La fuerza fundamental que bloquea el desarrollo de América Latina es el imperialismo norteamericano. Su estrecha alianza con las oligarquías nacionales, los ruinosos efectos de su penetración económica y cultural, lo señalan como causa principal del estancamiento general que prevalece en la realidad latinoamericana.

La derrota del imperialismo es condición fundamental de cualquier plan de desarrollo para nuestros países.

Resuelta a ejercer una política independiente, sin otra meta que la de sus auténticos intereses y necesidades, América Latina exige pleno respeto a la autodeterminación de sus pueblos. Dicha política es la premisa indispensable de nuestra participación en el orden mundial en igualdad de condiciones.

Sin emancipación económica no hay independencia política. Para consolidarla necesitamos: Reforma Agraria integral y atención preferente a la población indígena; rescate de las riquezas nacionales, hoy en poder de los monopolios extranjeros; impulso de las fuerzas básicas de energía y de las industrias fundamentales; libre acceso a todos los mercados, y asistencia técnica y económica sin condiciones lesivas.

Nuestros países requieren transformaciones sustanciales en su estructura política, económica y social, para eliminar los alarmantes déficits actuales en los niveles de vida, superar el atraso técnico y estimular sus culturas autóctonas.

Rechazamos la doctrina Monroe y la política de pretendida seguridad y defensa hemisférica que menoscaba nuestra soberanía. Oponemos al panamericanismo opresor un latinoamericanismo que libere nuestras fuerzas productivas, amplíe nuestras posibilidades de desarrollo, fortalezca la solidaridad y cooperación entre nuestros pueblos y contribuya eficazmente a la paz en el hemisferio y en el mundo.

Las obras de la Revolución Cubana muestran el camino para terminar con la dominación extranjera; su aleccionador proceso revolucionario entraña una efectiva contribución a nuestra causa liberadora.

Al reafirmar enérgicamente que defenderán a Cuba contra toda agresión, los pueblos latinoamericanos saben que así defienden su propio destino.

El imperialismo norteamericano ha comprometido a América Latina en la política de la Guerra Fría. La imposición de pactos militares ha descargado sobre nuestros pueblos el peso del armamentismo y determinado limitaciones a nuestra soberanía y desarrollo económico.

Exigimos la denuncia de todos los pactos militares y la liquidación de todas las bases militares norteamericanas en América Latina.

Contribuir a un acuerdo sobre desarme mundial, terminar con el colonialismo, poner fin a la Guerra Fría, asegurar la coexistencia pacífica entre pueblos y regímenes diferentes, son las premisas que garantizan la paz y la soberanía nacional.

La lucha por la independencia que hoy moviliza a los pueblos es también la nuestra. El proceso latinoamericano de liberación es inseparable de la consolidación de la paz mundial.

La realización de estos propósitos es una necesidad impostergable para lograr la libertad y el progreso que anhelamos. Para ello, debemos unirnos. La estrecha cooperación y solidaridad entre todas las fuerzas democráticas de cada país y entre todos los pueblos latinoamericanos, nos permitirá alcanzar estos objetivos en breve periodo histórico.

La comunidad de nuestros problemas define claramente la dimensión continental de nuestra lucha.

No estamos solos. Nos respalda la fraternidad de los pueblos amantes de la libertad y de la paz. Pero la liberación que buscamos, dependerá primordialmente de nuestros propios esfuerzos."

En sus últimos días, en octubre de 1970, Lázaro Cárdenas tuvo una larga conversación con el obispo de Cuernavaca, Mons. Sergio Méndez Arceo, y en ella hizo una declaración que en primera instancia parece "enigmática", pero que nos invita a una seria reflexión acerca de lo que ha sido uno de los grandes temas de nuestra historia, dijo Cárdenas:

"Si la Iglesia, convirtiéndose, no transforma a México, nosotros no lo vamos a transformar, porque estamos muy ligados."

Según Méndez Arceo, la "conversión" quería decir *"rompimiento de las ataduras del egoísmo, aceptación del Evangelio de Cristo, liberador de todo mal, conciencia nueva y crítica tendiente a la renovación constante, y disponibilidad para la exigencia del cambio pacificador.*

Tal vez vislumbraba el cristianismo sin las deformaciones que, reales o supuestas, le impidieron conocerlo y hacerlo plenamente suyo al decirme esa frase lapidaria, como muchas suyas, que por primera vez proclamo aquí, en esta asamblea cristiana".

El general Lázaro Cárdenas del Río se ha convertido en mito, en bandera, en símbolo, por lo que su dimensión humana suele desaparecer entre brumas ideológicas. En estas páginas hemos intentado mantener al hombre como figura central, pero sin desvirtuar su condición histórica, pues en el caso de Cárdenas, el hombre y la obra se encuentran tan imbricados, que lo que finalmente se percibe en una poderosa personalidad, no admite el juicio ligero ni el reduccionismo biográfico. La historia está impresa en el hombre, lo mismo que el hombre en la historia.

A su muerte, el 19 de octubre de 1970, el cuerpo del general Lázaro Cárdenas fue colocado en el Monumento a la Revolución.

Esta obra se terminó de imprimir en mayo del 2004 en
Litográfica Ingramex, S.A. de C.V.
Centeno 162-1. Col. Granjas Esmeralda
México, D.F.

CALIDAD ISO 9000 CERTIFICADA
Certificado No. 02-2082